思想教育管理
与学生素质培养

申世杰　苑新悦　毛　娜　著

贵州出版集团
贵州人民出版社

图书在版编目（CIP）数据

思想教育管理与学生素质培养 / 申世杰，苑新悦，毛娜著. -- 贵阳：贵州人民出版社，2024. 8.
-- ISBN 978-7-221-18481-8

Ⅰ. D64; G40-012

中国国家版本馆 CIP 数据核字第 2024WL3724 号

书　　名　思想教育管理与学生素质培养
著　　者　申世杰　苑新悦　毛　娜

出 版 人　朱文迅
策划编辑　龚　璐
责任编辑　唐　露
装帧设计　刘梦杳

出版发行　贵州出版集团　贵州人民出版社
地　　址　贵阳市观山湖区中天会展城会展东路SOHO公寓A座
印　　刷　河北文盛印刷有限公司
版　　次　2024 年 8 月第 1 版
印　　次　2025 年 1 月第 1 次印刷
开　　本　710 毫米 × 1000 毫米　1 / 16
印　　张　7.5
字　　数　125 千字
书　　号　ISBN 978-7-221-18481-8
定　　价　38.00 元

前言

思想教育是全面建设社会主义现代化国家的重要内容，是构建精神文明国家的首要任务。思想教育在培育高素质人才的过程中，扮演着重要角色。切实加强和改进思想教育工作，培养和造就具有高尚思想品质和良好道德修养、掌握现代化建设所需要的丰富知识和扎实本领的优秀人才，对于确保全面实施科教兴国和人才强国战略，实现全面建成小康社会，进而实现现代化的宏伟目标，实现中华民族伟大复兴，具有重大而深远的战略意义。学生是国家宝贵的人才资源，是民族的希望、祖国的未来；学校思想教育在培育高素质人才的过程中，扮演着重要角色。

本书从思想教育理论展开，明确了思想教育对学生素质教育的功能、地位，以及对学生价值观培养的重要性；从传统文化思想和社会主义先进文化思想两方面，结合新一代的信息技术创新思想教育管理方式，改进学生的素质教育工作，提高学生的素质教育及素质水平。

本书在理论知识方面讲解了思想教育的含义、功能、目的及在学校教育中的必要性，使读者深刻了解到思想教育的重要性。同时，阐述新时代新的思想、新的信息技术、新的教育训练方式对于思想教育创新、改革的帮助，以及在新时代下，思想教育对学校环境打造、对家庭氛围营造、对社会环境建设的需求，明确学生素质培养的要求。

笔者在写作本书时，得到国内外很多专家学者的大力支持，也参考借鉴了一些国内外学者的有关理论、材料等，在此向其表示由衷感谢。由于笔者水平有限，书中所涉及的内容难免有疏漏与不够严谨之处，希望各位同行、专家、教师多提宝贵意见，以待进一步修改，使之更加完善。

目 录

第一章　思想教育概论

思想教育是一门阶级性、实践性和应用性很强的综合性学科，要重视思想教育的理论研究，同时借助其他学科，指导学校开展教育工作，完成教学任务，提高学生的素质水平。本章研究思想教育的本质与地位、思想教育的目的与任务、思想教育的特征与功能、思想教育的要素与过程。

第一节　思想教育的本质与地位

一、思想教育的本质

“教育是国之大计、党之大计。面对实现中华民族伟大复兴的战略全局和世界百年未有之大变局，党和国家对卓越人才的需求比以往任何时候都更加迫切。”

只有透过现象找到本质、坚持本质、不断加深认识本质，才能为思想教育提供正确的导向。思想教育的本质就是按照一定社会意识形态的教育及灌输。思想教育是体现和揭示这一本质的学科。依据当今社会的实际，可以把思想教育的本质确定为坚持主流意识形态的主导和灌输。正确认识思想教育的本质意义如下：

第一，坚持以主流意识形态的主导和灌输来揭示思想教育的本质，使思想教育有贯穿始终的主线。坚持思想教育的本质是社会主义意识形态的主导和灌输，有利于奠定思想教育学科发展的基础，使思想教育的其他概念和内容有遵循的主导，并形成一个完整的体系。无论把灌输作为理论依据之一，还是从其特点上来看待思想教育的本质，都能把本学科的主要矛盾、基本过程、基本规律、教育者与受教育者、内容和方法内在地联系起来。

第二，坚持以主流意识形态的主导和灌输来揭示思想教育的本质，有利于提高思想教育工作者的理论自觉和高度责任感。一定社会的统治思想实际上都是统治阶级的思想。任何社会都需要对民众进行意识形态的教化和灌输。社会主义国家坚持马克思主义的指导，都体现了用统治阶级的意识形态教化和灌输的本质。明确认识思想教育的灌输本质，能够启发和调动广大思想教育工作者的积极性和使命感，促使教育工作者提高理论自觉性，增加自身的责任感。

第三，坚持以主流意识形态的主导和灌输来揭示思想教育本质，有利于坚持思想教育的方向和党性原则。社会主义意识形态的教化和灌输，就是要把社会主义意识形态通过大众化、中国化、时代化的途径灌输到人民群众中去，启发和提升思想觉悟，调动主观能动性，为实现全面建成小康社会的目标和中国特色社会主义共同理想作出贡献。这是现实的必然要求，也是历史发展进步的大趋势。

第四，坚持以主流意识形态的主导和灌输来揭示思想教育本质，有利于促进思想教育方法的改进和创新。思想教育的生命力在于不断增强其针对性和实效性。坚持灌输论，不但规定了教育者的方向和使命，也规定了思想教育方法的运用与创新的准则。思想教育的本质就是社会主义意识形态的主导和灌输，这是一个我国社会思想教育的历史使命。为了完成这一使命，方法越生动、灵活多样，就越具有针对性和实效性，越能够创新和与时俱进，就越能受到受教育者的欢迎，就越体现思想教育的本质。

二、思想教育的地位

思想教育作为一种重要的教育形式，其在塑造个体品格、引导行为规范及促进社会进步方面发挥着至关重要的作用。它不仅仅局限于传授知识和技能，更着眼于培养学生的核心价值观、道德观念和社会责任感。因此，思想教育的地位不可忽视，其影响深远，涵盖多个层面。

首先，思想教育在个体发展中具有塑造性的作用。通过传递社会共同的核心价值观，思想教育有助于培养学生的正确人生观和价值观，使其在面对复杂的社会现实时能够保持积极向上的态度。同时，思想教育关注个体的自我认知和情感管理，有助于塑造健康的心理素质，培养学生的自信和应对困境的能力。

其次，思想教育在引导行为规范方面发挥着至关重要的作用。通过灌输正确的伦理道德观念，思想教育有助于形成良好的行为准则，引导学生在社会生活中遵守法律法规、尊重他人、积极参与社会实践。这有助于建立和谐的人际关系，推动社会的稳定与进步。

最后，思想教育在社会层面有助于形成共同的文化认同和社会价值体系。通过传递历史文化、国家精神等方面的教育内容，思想教育有助于培养公民的国家意识和社会责任感，促进社会的凝聚力和稳定性。这对于建设文明、和谐的社会起到了积极的推动作用。

总之，思想教育在个体发展、行为规范和社会建设中均具有不可替代的作用。作为教育体系的重要组成部分，各级教育机构应高度重视思想教育的实施，通过创新教育手段和内容，全面提升学生的思想素养，培养具有创新精神、责任心和社会担当的新一代公民。这不仅是教育的使命，也是社会可持续发展的基石。

第二节　思想教育的目的与任务

一、思想教育的目的

思想教育的目的是指通过思想教育活动，在受教育者的思想和行为方面达到所期望的结果。换言之，思想教育的目的是教育者依据社会发展的要求、受教育者精神世界发展的需求对受教育者思想品德方面的质量的一种期望和规定。思想教育的目的是开展各项思想教育活动的依据和动力，体现出思想教育的价值取向。

(一) 思想教育的根本目的

思想教育的根本目的是思想教育活动所要达到的终极目标。我国的思想教育是以共产主义为方向，直接作用于人的思想品德，是培养人的思想道德素质的活动。思想教育的这一性质规定了我国思想教育的根本目的是提高人们的思想道德素质，促进人的自由全面发展，激励人们为建设中国特色社会主义、最终实现共产主义而奋斗。这一根本目的包含以下两个相互联系的方面：

第一，提高人们的思想道德素质。思想教育是满足人们精神需要的一种方式，是提升人的精神品质的社会实践活动。提高人的思想道德素质是这一活动的内在目的。进行思想教育就是要使人们具备良好的思想道德素质，如远大的理想，良好的品德，强烈的事业心、责任感，坚强的毅力，严格的纪律，等等。而良好的思想道德素质不仅是人们其他素质发展的保证，也是人们发挥现代化建设积极性的内在基础。可见，提高人们的思想道德素质，有助于更好地激励人们为建设中国特色社会主义、实现共产主义努力奋斗。

第二，促进人的自由全面发展。人的自由全面发展既是共产主义的理想目标，也是社会主义的本质要求。社会主义的本质就是解放生产力、发展生产力，而发展生产力的落脚点就是人的自由全面发展，这正是思想教育的终极目的。思想教育是通过人这个中介作用于社会生活的，即通过提高人的思想道德素质，促使人们积极主动地参与各方面社会活动而对社会生活产生影响的。只有促进人的自由全面发展，才能使受教育者更积极、更主动地投身于中国特色社会主义建设中，也才能为共产主义的实现准备更充分的条件。

思想教育的根本目的是思想教育的最高目的、终极目的。它是有原则的、不具体的，既没有明确规定达成的标准，也没有明确规定在多长时间内实现，它只是指明了思想教育活动的方向。但这并不是说根本目的就是虚设的、不起作用的。根本目的是思想教育的灵魂，是长久起作用的目标，是团结和动员全体思想教育者及其受教育者共同奋斗的旗帜；它规定了思想教育活动的方向，思想教育的所有活动都要向这一方向发展，都要有助于达到这个根本目的。

（二）思想教育的具体目的

思想教育的具体目的是指思想教育的各项具体活动所要达到的预期目标。思想教育的根本目的可以看作长远目标，它要经过教育者和受教育者长期持续的努力奋斗才能达到。在思想教育过程中，这一长远目标一般需经过多层次分解，成为一个个具体目的，指导思想教育的具体活动。通过达到一个个具体目的，思想教育才能一步一步向长远目标迈进。可见，思想教育的具体目的是根本目的的具体化，其作用在于把思想教育任务落实到思想教育机构或教育者个人身上，故又可称之为操作目标。思想教育大多通过各种具体活动进行，因而达到具体目的，对于顺利开展思想教育进而向根本目的靠近具有重要意义。

思想教育的根本目的是一元的，这是由我国社会主义制度和思想教育的性质决定的；而具体目的则是多元的。具体目的的具体内容如下：

第一，具体目的的多元性是由思想教育对象的层次性决定的。由于社会中的人处于不同的利益群体中，处在不同的社会地位上，其利益诉求和思想表现必然存在差异；因而对不同教育对象（如工人、农民、公务员、教师、学生、军人、私营者等）进行思想教育，其具体目的理当有所不同。即使是对同一类型的对象进行思想教育，由于其具体情况不同，具体目的也应有区别。只有根据不同教育对象的实际情况确定思想教育的具体目的，才能使具体目的更贴近教育对象的思想实际而不致空泛、不着边际。

第二，具体目的的多元性也是由党在不同领域、不同部门的具体目标决定的。目标从纵向上讲要分解为不同阶段的具体目标，从横向上讲要分解为各个领域、各个部门的具体目标，各个时期、各领域、各部门的思想教育都要为实现这些具体目标而努力。这样，不同领域、不同部门乃至不同单位，其思想教育的具体目的就呈现出一定的差异性。

第三，由于教育对象的思想特点随着时代的变迁而变化，由于党在各个历史时期的具体奋斗目的不同，思想教育在不同历史时期，就会有不同的具体目的。换言之，思想教育的具体目的随着时代条件的变化而变化，具有历史性。在社会生活发生变化以后，应该适时地提出新的具体目的，引导教育对象与时俱进，不断迈向新的思想道德境界。

综上所述，思想教育的根本目的，按层次与阶段可分成一个个具体目的。一个个具体目的联结起来，形成目的锁链。通过思想教育活动，不断达到一个个具体目的，从而逐渐达到思想教育的根本目的。思想教育的根本目的和具体目的是一个相互联系、相辅相成的有机统一体。在实际工作中，应注意将思想教育的根本目的和具体目的统一起来。

二、思想教育的任务

(一) 思想教育任务的内涵

思想教育任务是指思想教育在社会生活中承担的特定责任。思想教育目的的达成、功能的发挥，都有赖于任务的顺利完成。从总体上看，思想教育任务可以分为三个层次：根本任务、一定时期的主要任务、具体任务。这三个层次的任务相互联系、相互影响。根本任务贯穿于不同时期、不同领域的思想教育中，起着统领作用，它规定着主要任务和具体任务的方向；具体任务和主要任务的完成，又推动着根本任务的完成。可见，根本任务是思想教育任务中的主要方面，因而以下着重讨论思想教育的根本任务及其有关内容。

(二) 思想教育的根本任务

思想教育任务是指思想教育在社会生活中承担的特定责任。思想教育目的的达成、功能的发挥，都有赖于任务的顺利完成。思想教育的根本任务是思想教育在社会主义现代化建设中所承担的最重要的责任，是为达到思想教育的根本目的所需要完成的基本工作。思想教育的根本任务主要包括以下内容：

1. 树立崇高的理想信念

理想是与奋斗目标相连、有实现可能的向往、追求和信念，是一个人思想道德素质中最重要的素质。树立崇高的理想对人生具有极为重要的意义：崇高的理想有助于受教育者择定自己在人生大舞台上扮演的符合时代要求的角色，从而获得有价值的人生；将使受教育者明确前进的方向，鼓舞人们勇往直前。发展社会主义市场经济需要一代有崇高理想的新人坚韧不拔地努力奋斗。没有一代有理想的新人坚持不懈地努力奋斗，社会主义现代化就难以实现。正因为理想对个人成长、对事业成败有如此重大的意义，因此培养一代新人具有远大的理想以及为理想而献身的精神就成为思想教育的基本任务。

理想教育一直是我国思想教育的重要内容。可是，在改革开放和市场经济建设过程中，理想及理想教育却未得到足够重视。社会总是处于“它现在是什么”与“人们希望它是什么”的张力之中。只讲理想，完全不顾社会生活实际，这固然无助于社会的进步；但走向另一个极端——完全忽视崇高理想的巨大感召作用，则社会生活同样难以得到改进和发展。任何一个社会都是在理想和现实间的合理互动中前进的。

相对于我国的社会现实而言，建立社会主义市场经济体制，实现中华民族伟大复兴的中国梦，这本身就是一种理想。只有使人民群众树立建设中国特色社会主义的共同理想，朝气蓬勃地投身于社会主义现代化事业中，才能实现这一伟大理想。

因此，在实现社会主义现代化的伟大征程中，对受教育者的理想教育不是可有可无的，而是必不可少的。思想教育者对此必须有明确认识，在任何时候都要坚持社会主义、共产主义理想教育，引导受教育者树立远大的理想。

2. 形成积极的精神状态

一个人有了积极向上的精神状态，就能刻苦学习，努力工作，积极进取，不断发展和完善自己；就能不畏困难，不怕挫折，向着理想目标奋进。如何引导受教育者形成良好的精神状态，是思想教育的重要课题，具有极其重要的现实意义。

当前，我国仍处在由计划经济向社会主义市场经济转变的过程中。市场经济不仅将促进我国经济迅速发展，而且将给社会生活和人民的精神面貌带来多方面的积极影响。然而目前我国的市场经济还不够完善，在市场经济建设过程中还出现了许多问题，给人们的思想带来了一些消极影响。这种情况表明，引导人们形成积极、健康的精神状态，是市场经济条件下思想教育的迫切任务。

在改革开放和市场经济建设的过程中，要努力在全社会形成适应现代生产力发展和社会进步要求的、文明的、健康的、科学的生活方式，摒弃那些落后的、愚昧的、腐朽的东西；要努力在全社会振奋起积极的、向上的、进取的精神；要坚持正确的人生观和文明健康的生活方式。这说明经济体制的变革必然要求人们的精神状态发生相应的变化，指出了新形势下社会成员所应具有的精神状态的基本内涵。引导人们形成与社会主义市场经济体制相适应的积极、健康的精神状态，就是要帮助人们形成接受和顺应社会变革的心理，“与时俱进”的意识，积极乐观的生活态度，开拓拼搏的精神，强烈的事业心、责任感、正义感等。积极的精神状态主要包含以下几个方面：

（1）接受和顺应社会变革的心理。目前，我国正处于巨大的社会转型时期。在这样一个大变革时代，社会变迁日新月异，发展迅速且极其多样化，各种新的工作方式、生活方式、思想观念层出不穷。只有引导广大社会成员形成接受和顺应社会变革的心理，他们才能理解并接受这与以往不同的许多的“新”，接受并积极参与宏伟的改革开放事业，促进我国顺利完成从计划经济体制向社会主义市场经济体制的转变，从传统社会向现代社会的转变。在当代中国，广大民众是否具有这一心理特质，对社会主义现代化事业至关重要。同时，这一特质可看作健康精神状态的心理基础，与时俱进、拼搏、建功立业、积极乐观的意识和态度等都与这一心理特质密切相关。

（2）强烈的责任感。社会主义现代化事业是由各行各业的具体工作构成的，只有努力做好各项工作，现代化事业才能顺利向前发展。而要做好各项工作，就需要人们具有强烈的责任感。缺乏责任感，各项具体工作就难以做好，整个社会就难以协调正常地运行。因此，强烈的责任感是积极健康的精神状态的基点，是现代公民带有底线意义的精神素质。

强调责任感在今天具有非常重要的现实意义。培养人们具有强烈的责任感是思想教育的当务之急。社会主义现代化事业建立在每个人负责任劳动的基础之上，幸福生活及美好前景都要靠自己诚实、负责的劳动去创造，这应该成为全体人民的一个基本共识。

责任感是一种自觉把分内的事做好的心情。它不仅是指对国家、民族、社会的一种心情，而且是指对具体工作的一种态度。换言之，责任感与每个人的具体工作与生活紧密相连，每个人都要对自己所承担的工作有较强的义务感，忠于职守，自觉自愿把工作做好。在一定意义上讲，每个人把各自承担的工作做好，就是对国家、对社会尽到了义务，国家发展就有了起码的基础。

在引导人们做好本职工作的基础上，再引导人们把责任感上升到攸关国家、社会等公共利害之事的层面上。作为一个公民，有义务承担社会公共事务责任。基于这样的认识，思想教育在培养公民的责任感时，既要反对对自己所承担的工作敷衍塞责的倾向，又要反对忽视公共事务责任的倾向。对个人具体工作承担起完全的责任，对公共事务有充分的关注，在需要时勇于承担对社会公共事务的责任，这是现代公民个人责任感互相联系的两面，缺一不可。

3. 培养良好的道德品质

帮助受教育者形成良好的道德品质，无论是对他们的健康成长还是对社会的稳定发展都有重要意义，因而理应成为思想教育的重要任务。对受教育者进行道德教育，应循序渐进，注意层次性。

(1) 引导受教育者用社会主义道德准则要求自己，做到爱祖国、爱人民、爱劳动、爱科学、爱社会主义，促使人与人之间形成平等、团结、友爱、互助的社会主义新型关系。引导人们用社会主义道德准则要求自己，理当引导人们用职业道德、社会公德、家庭婚姻道德规范自己的行为，并以遵守这些具体道德规范为起点，逐步向较高的道德境界迈进。

(2) 即使是在社会主义初级阶段，思想教育也要认真宣传和大力倡导共产主义道德，引导受教育者坚持集体主义价值导向，把国家和人民的利益放在高于一切的地位，树立全心全意为人民服务的思想。

总之，在开展道德教育时，教育者要注意把握道德及道德教育的层次性，注意针对性，以提高道德教育的实效性。社会主义道德的基本原则适用于社会主义社会的各个阶段，但其具体内容及其制约下的具体道德规范则会随着社会的发展出现更新、发生变化。思想教育应顺应道德生活的这种变化，注意时代的要求，积极引导受教育者树立与社会主义现代化相适应的新的道德观，以使受教育者以新的道德面貌投身于社会主义现代化建设中。

4. 加强受教育者的法治观念

法治纪律观念是现代社会公民应具备的最基本、最重要的观念，是社会主义新人必备的基本素养。进行社会主义现代化建设，需要全体人民团结奋斗。完备的法治体系和严明的纪律是组织全体人民共同奋斗的规范力量。同时，社会主义社会是法治社会。没有完备的法治体系，社会主义市场经济体制就难以建立，社会主义现代化建设就难以顺利进行。而法治体系的形成，以及与之相适应的社会秩序的建立，都离不开具有法治观念的人；只有使全体社会成员具有明确的法治观念，才能更好地建设社会主义法治国家。

增强受教育者的法治纪律观念，是社会主义市场经济建设的内在要求，是实现社会主义现代化的迫切需要。思想教育应通过多种途径，帮助受教育者树立明确的法治意识，确立宪法至上、依法治国的观念，使全体人民都成为社会主义法治的忠实崇尚者、自觉遵守者、坚定捍卫者；引导受教育者正确认识民主和法治、权利和义务的辩证关系，树立社会主义民主和法治观念、公民的权利和义务观念，自觉遵守国家法律、法规，严格依法办事。同时，要帮助人们正确认识纪律和自由的辩证关系，引导人们坚决执行党和国家的政策，严格遵守各项纪律，做到令行禁止，以维护正常的学习、工作和生活秩序。

5. 养成重视教育的态度

培养社会成员具有较高的科学文化知识水平，主要是各级各类学校的任务，但思想教育在提高受教育者的文化知识素养方面，也有不可推卸的责任和重要的作用。其中一个重要方面，就是促使受教育者养成重视教育的态度，加强学习，不断提高自己的文化知识水平。思想教育应从社会发展的高度，通过多种方式，引导受教育者认识到，个人较高的文化知识水平不仅关系到自身的工作和生活，而且是提高我国的国际竞争力、实现社会主义现代化所必需的。

第三节　思想教育的特征与功能

一、思想教育的特征

（一）思想教育的导向性

社会主义社会思想教育的本质是坚持主流意识形态的主导和灌输，这个定义本身就决定了思想教育具有导向性的特征。思想教育的导向性要求，必须把坚定正确的方向放在首位，做到是非分明、立场坚定、敢于斗争，坚持社会主义的主旋律，善于引领各种思想倾向和社会思潮，坚定地掌握意识形态工作的领导权、管理权及话语权的大方向。思想教育的导向性主要体现在以下几个方面：

1. 坚持中国特色社会主义理论体系指导思想

(1) 认真学习马克思列宁主义和中国特色社会主义理论体系。对于马克思主义的理论，要做到真学、真懂、真信、真用。系统掌握马克思主义的基本理论，系统掌握科学的世界观和方法论。只有认真学习和掌握马克思主义基本理论，才能不断增强责任心，才能提高思想境界，才能完善高尚的人格，才能增强解决问题的能力和吸引受教育者的魅力。

(2) 理论联系实际，养成注视意识形态领域动向的良好习惯，敢于和善于开展思想领域的斗争，在引领社会思潮中坚持正确的导向。一切重大的思想意识形态问题都是从细小的思想动态开始的。在思想上，只有明察秋毫、洞察真相，才能保持正确的导向。

2. 坚持中华民族振兴和共产主义理想

共产主义的远大理想是全世界共产党人和广大人民的共同远大理想。只有实现共产主义，才能进入真正理想的社会，才能实现人的自由而全面的发展。共产主义社会必须具备两个方面的物质条件才能实现：一是在全世界范围内实现生产力的普遍发展，二是在全世界范围内实现世界交往的普遍发展。这个远大理想鼓舞着全世界无产阶级及其先进政党为之努力奋斗，在多年的历史中，由理论上升到运动，由运动上升到现实社会制度。

中国梦的实现，不仅涉及中华民族的命运和前途，还涉及全世界社会主义事业的前途和世界人民的处境。只要在追求中国梦的进程中不丢掉共产主义的远大理想，中国特色社会主义事业就会在共产主义远大理想的指导下，保持正确的方向，不断取得新的进展。

(二) 思想教育的渗透性

渗透就是结合相关的过程和因素一起发挥作用，体现教育渠道的多样性和细微性。思想教育只有结合其他社会工作才能取得好的效果。

1. 将思想教育渗透到业务工作中

将思想教育渗透到业务工作中就是思想教育工作要结合业务工作来进行。换言之，将思想教育渗透到业务工作中就是在业务工作中渗透思想教育。

(1) 业务工作需要思想教育的指导和支持。在社会主义国家，业务工作是社会主义事业的一部分。思想教育工作是一切工作的生命线，当然也是一切业务工作的生命线。

（2）在社会科学教育的业务工作中存在着以什么样的意识形态指导的问题。在这些领域中应该做到思想教育与业务工作相结合。这就需要在这些学科领域中开展思想教育工作，确立社会主义意识形态的指导地位，在各个学科领域培养社会主义事业的建设者和接班人。

2. 将思想教育渗透到社会交往中

社会交往活动是人们生活方式的主要组成部分。人们通过社会交往活动了解信息、交流经验、征询参考、比较判断，不断推进自身社会化的程度。人们的交往对象、交往内容、交往方式随着社会发展而变化，是一个流动、渐变的潮流。一般来说，群体性的交往较多，同龄人的交往较多，互联网的交往较多，职业范围的交往较多。思想教育要向社会交往领域渗透，就要向着这些相关的人群渗透。要使思想教育进入各种社会群体，进入各种年龄段的人群，进入各个不同的职业范围。

3. 将思想教育渗透到日常生活中

日常生活领域更能反映人们的真实思想情况。思想教育渗透到日常生活中，就会以人们真实的思想和行为状况为根据，做出科学、通情达理的分析和引导，取得思想教育的实效性。在日常生活领域做好思想教育工作，对人的影响是最大的。在思想教育方面，群众主要不是看思想教育者说的理论怎么样，而是看能不能在解决实际问题的时候理论联系实际。

（三）思想教育的综合性

思想教育作为一个后起的新兴学科，还具有综合性的特征。这种综合性主要表现在以下几个方面：

1. 思想教育目标的综合性

思想教育目标的综合性主要包括两个层次的含义：一是决定思想教育目标因素的综合性，二是目标内容的综合性。

（1）决定思想教育目标的教育方针是综合性的。思想教育目标必须适应党的教育方针规定的培养目标。思想教育的目标逐步形成德育为先、全面发展的综合目标体系。

（2）党的基本路线的要求的综合性决定了思想教育目标的综合性。思想教育首先要起到团结人民、凝心聚气的作用，同时坚持为经济建设中心工作服务，成为坚持四项基本原则的主渠道，鼓舞人民坚定不移地自力更生、艰苦奋斗，最终使我国成为富强、民主、文明、和谐的社会主义现代化国家。不仅如此，思想教育还担负着保证党的基本路线一百年不动摇的任务。所有这些教育的目标构成了一个围绕着党的基本路线的系统的目标体系。

（3）思想教育的目标必须适应社会主义核心价值体系和社会主义核心价值观的综合要求。对自由、平等、民主、法治、公正等内容，如何做出马克思主义的解读，是思想教育工作中迫在眉睫的重要任务。

（4）思想教育的目标必须适应人的全面发展的要求。在现阶段必须根据历史条件的实际，尽可能地创造促进人的全面发展的条件。思想教育要促进人的发展目标的实现，就应该设计相应的教育任务，形成系统、具体的综合教育目标。

2. 思想教育内容的综合性

思想教育不仅具有目的综合性，还具有内容综合性，是一个综合的教育内容体系。思想教育的内容具体阐释如下：

（1）科学世界观教育。科学世界观教育就是辩证唯物主义和历史唯物主义的教育。以辩证唯物主义和历史唯物主义为主要内容的科学世界观，是人的思想素质的核心内容。掌握科学世界观是提高人的素质的根本，也是思想教育的根本。

（2）人生价值观教育。人生观是根据一定的世界观去观察和对待人生的目的、人生价值和人生道路的根本看法和态度。社会主义国家坚持马克思主义科学人生观和为人民服务的人生观。

（3）道德观教育。道德观教育的内容主要包括自觉把握良好道德素质形成的规律；继承中华民族优秀道德传统，适应社会主义建设的现实，建设以为人民服务为核心、以集体主义为原则的道德品质。

（4）法治观教育。法治即重视法律与制度的国家治理方式。树立国家根本大法——宪法至上的观念，认识和遵守社会主义法律的教育。

（5）心理健康教育。心理健康教育即心理疏导的教育。抓住心理层面的丰富的现象，将其提升到理性认识的高度，是思想教育的责任。

3. 思想教育方法的多样性

思想教育方法的多样性就是在思想教育实践中运用方法的灵活性。为了达到一定的教育目的，完成一定的教育任务，应该采取各种有效的方法，并根据需要不断改进教育的方法，这样才能达到预期的效果。思想教育方法的多样性体现在以下几个方面：

（1）思想教育实践中运用方法的灵活性要求体现内容的针对性。在思想教育中，需要具体情况具体分析。针对不同的教育对象、不同的场所、不同年龄段的人群、不同的文化层次，所采取的教育方法是不同的，选择的切入点和风格也是不同的。

（2）思想教育实践中运用方法的灵活性要求选择或更换既定的逻辑过程。在思想教育过程中，演绎逻辑过程与归纳逻辑过程的适当变换使用，能够带来新意和积极的效果。在整个思想教育过程中，教育者需要察言观色，在不断观察中适时改变自己的逻辑思路。

（3）思想教育实践中运用方法的灵活性要求超越人们的逆反心理。长期以来，由于我们的理论与社会实际的许多方面存在差距，人们在不同程度上都产生了一定的反向思维的“逆反心理”。思想教育者只有突破逆反心理的障碍，才能使教育产生积极的效果。摆脱陈旧的口吻、语调、思路、案例，采取更加鲜活的新姿态、新事例、新角度、新思路，往往能够取得积极的教育效果。

4. 思想教育知识借鉴的丰富性

思想教育工作既是做人的思想工作，又是教育人的工作，还是非常细致和复杂多变的工作。思想教育应该借鉴的知识是多方面的。特别是在经济全球化和信息传播网络化的新时期，教育工作者更加需要广博丰富的知识。除了最基本的马克思主义学科之外，思想教育在实践中需要吸收和借鉴的知识涉及哲学、教育学、历史学、政治学、心理学、新闻传播学、美学、伦理学、社会学、法学等学科。只有借鉴丰富的其他学科知识，思想教育学才能真正得到发展。思想教育需要借鉴其他丰富的学科知识，主要是借鉴和吸收这些学科研究的领域、研究的对象、研究的角度、主要的规律、科学性的结论。

二、思想教育的功能

教育功能是指思想教育对受教育者和社会生活所能发挥的积极的有利作用或影响。在构建社会主义和谐社会的进程中，思想教育愈来愈凸显出重要的功能性作用。关于思想教育功能，可从不同角度进行分析，总的来说，思想教育功能可分为社会性功能和个体性功能两方面。

社会性功能是指思想教育对社会发展发挥的客观作用，具体地说，就是指思想教育对社会、经济、文化、生态环境等发生的作用，表现为社会功能、经济功能、文化功能和生态功能等。

个体性功能是指思想教育对教育对象个体产生的客观影响，表现为个体生存功能、个体发展功能和个体享用功能。个体性功能是思想教育目的的直接表现，可看作思想教育的本体功能。

(一) 社会功能

1. 经济功能

思想教育的经济功能是指思想教育通过调动教育对象的积极性，促使其主动参与经济活动以促进经济又好又快发展的作用。概括地说，思想教育的经济功能主要表现为以下几个方面：

(1) 思想教育是经济建设坚持社会主义性质和方向的可靠保证。物质生产本身没有阶级性，但生产力总是同一定的生产关系相联系，经济基础总是同一定的上层建筑相联系的，因而物质生产的发展也有方向问题。从人类文明发展史来看，任何一个社会的统治阶级，都必然要以本阶级的思想体系和理念影响社会的物质生产，规定经济发展的方向。我国是社会主义国家，我国的现代化是社会主义现代化，思想教育的经济功能首先就表现为确保我国现代化建设的社会主义方向。在经济活动领域，思想教育只要帮助社会成员树立建设中国特色社会主义的共同理想，就能有效地确保我国经济建设始终沿着社会主义道路前进。

(2) 思想教育是推动社会生产力发展的精神动力。生产力是人们解决社会同自然矛盾的实际能力，是人类协调和改造自然使其适应人类需要的客观物质力量。生产力的基本要素包括物的要素和人的要素，物的要素主要是指劳动对象和以生产工具为主干的劳动资料，人的要素则是指具有一定知识、劳动技能和生产经验的劳动者，两者在物质生产过程中是结合在一起共同起作用的。

物的因素虽然是生产力的基础因素，但它只有被人掌握，才能形成现实的物质。在生产力中，人的因素是生产力中起主导作用的因素，是推动社会生产力发展的决定性因素。

人的因素又包括两个基本方面：①人的科学文化素养和劳动技能。其主要是指劳动者对生产、技术等规律的认识和掌握程度，以及劳动者的业务能力，即劳动者的智力它直接作用于生产资料。②人的思想道德素质和劳动积极性。其主要是指人的思想觉悟、劳动态度、事业心和责任感等，也就是人的非智力因素，它通过智力因素间接作用于生产资料。这两方面因素相互影响、相辅相成、密不可分。

人的科学文化素养和劳动技能是生产力发展的必要条件，也是提高受教育者思想道德素质和劳动积极性的智力条件。而受教育者的思想道德素质和劳动积极性也是生产力发展的重要条件，是促进生产力发展和提高受教育者科学文化素养、劳动技能的精神动力。如果劳动者思想道德素质不高，缺乏劳动积极性、主动性和责任感，即使他具有较高的科学文化素养和劳动技能，这些智力因素也难以得到充分发挥和运用，因而会对生产力发展构成制约。

人的思想道德素质在社会生产力发展中起着重要的作用。而思想教育就是提高劳动者思想道德素质，调动受教育者工作和生产积极性、主动性的工作。只要思想教育深入细致有效，就能更好地提高劳动者的思想道德素质，进而促进生产力更好更快地发展。思想教育是促进生力发展的精神动力。只要劳动者经由思想教育和社会实践具备了良好的思想道德素质和较高的工作积极性和主动性，就会积极主动学习科学文化知识，自觉地提高劳动技能，努力改进生产工具、革新工艺、采用新技术，不断地变革劳动组织，创造性地进行生产管理，从而大大促进生产力的发展。

(3) 思想教育是营造经济建设发展的和谐社会环境的重要手段。物质资料的生产是人类社会生存的基础，人类历史就是物质生产发展的历史。而为了更好地进行物质生产，人们之间必然要建立某种联系或关系。

为了维系人们之间的这种联系和关系，并使之处于和谐状态，就需要对人们之间的关系进行协调。而对这种关系的协调，除了依靠法律等手段外，还需要依靠思想道德规范。通过广泛而深入的思想教育，化解矛盾、协调关系、理顺情绪，以保持人与人、人与社会之间正常稳定的联系和关系，维护个人的心理平衡，为经济建设营造和谐的社会环境，促进经济建设更好更快地发展。

思想教育营造社会环境的作用是多方面的，这里着重探讨思想教育通过对社会生活的调节以营造良好社会环境的作用。大致来说，思想教育对社会生活的调节主要通过以下四种途径来实现：

第一，心理调适。人是自然、社会和心理活动的统一体，人的任何一种活动都伴有心理活动，人的很多思想问题也都和心理因素紧密相连。因此，对受教育者进行心理调适，是使包括经济活动在内的各种活动顺利进行、解决受教育者的思想问题、促进其发展的必要手段。思想教育要善于运用心理调适的方法解决受教育者的思想问题，增进其心理健康，从而为经济建设创造良好的心理环境。

第二，人际关系调适。在现实生活中，由于各种原因，人与人之间的关系在很多时候会出现矛盾乃至冲突，这些矛盾或冲突会影响人们的生活和社会的和谐，因而必须对其进行协调。思想教育就是协调人际关系的重要手段。思想教育通过帮助人们化解人际矛盾，缓解人际冲突，有助于理顺人与人之间的关系，建立团结、互助、友爱、平等的和谐人际关系，从而为经济建设营造良好的人际关系环境。

第三，情绪调控。人们在现实生活中遇到各种矛盾和困难，情绪就会发生变化，甚至出现不满、怨恨等负面情绪。思想教育是调节人们情绪的重要途径。通过深入细致的思想教育，帮助受教育者化解思想矛盾、稳定情绪，疏通思想、宣泄情绪，创造条件、转移情绪，制定目标、升华情绪，从而使受教育者的情绪得到及时有效的调适，获得新的平衡。这样就能大大减少社会的不安定因素，使受教育者以饱满的热情投入社会主义现代化建设中。

第四，利益关系调节。在现实生活中，群体与群体之间、群体与个体之间、个体与个体之间会经常出现利益矛盾，如果不及时调节，就有可能影响经济建设的顺利进行。对利益关系进行调节的手段是多方面的，除了法律、制度、政策等基本手段外，思想教育也是其中不可或缺的重要手段。思想教育对人们利益关系的调节主要是指对由于一些具体的、特殊的原因造成的个人或群体之间的利益矛盾的调节，属于微观调节的范畴。其具体做法是关心受教育者的疾苦，多为他们办实事，努力创造条件满足他们对物质利益的合理需要；帮助受教育者树立正确的价值观和利益观，正确处理国家、集体、个人三者之间的利益关系；引导受教育者理性地追求个人利益，通过正当途径和手段获得物质利益。思想教育对利益关系的调节，有助于在全社会范围形成一种公正、合理、和谐的利益关系，从而为社会主义现代化建设营造良好的社会环境。

2. 文化功能

思想教育的文化功能指的是它对社会文化及其发展所发生的作用。从文化的运行过程来看，思想教育的文化功能包括文化传播功能、文化选择功能、文化创造功能等。

（1）思想教育的文化传播功能。思想教育是教育者向受教育者传导一定的思想观念、观点、道德规范的过程。所谓思想观念、观点、道德规范，都属于文化的范畴，是文化和伦理文化的组成部分。从某种意义上讲，思想教育就是文化、伦理文化的传播过程，其目的是实现个体的道德社会化。在这一过程中，同时存在着两方面的活动：①社会通过思想教育等形式传播思想信息和主导意识形态，促使受教育者接受社会主导文化的价值观，形成符合社会要求的行为模式；②受教育者个体通过学习、模仿以及社会实践等形式获得思想道德知识，形成一定的观点、态度、信仰、情感及其制约下的行为。这两种活动在思想教育过程中相互联系、相互作用。

思想教育传播伦理文化的过程，是一种双向信息交流和情感互动过程。思想教育传播文化的过程，也是保存和活化社会文化的过程。如果没有思想教育的传播，文化、伦理文化就只能表现为储存形态的文化，即蕴藏于物品或文献中，不能被人们掌握和运用，难以在实际生活和道德生活中发挥作用。只有通过思想教育，才能使储存形态的伦理文化转变为现实的伦理文化，使特定的伦理文化与人的观念、智慧、意志、情感建立起联系，使社会规范成为人们维持良好生活秩序的准则，使健康的审美情趣和民族风俗成为丰富人们生活的内容和方式，使文化在社会生产和社会生活中发挥作用。

（2）思想教育的文化选择功能。思想教育对文化的传播，并不是对现有文化的全盘照搬，而是一种文化选择过程，包含对文化的撷取与吸收、排斥与舍弃。通过这种选择，在历史、当代、未来间建立起发展的链条，从而创新和发展文化，推动社会进步。思想教育的文化选择功能主要是通过批判地吸收文化这一方式完成的。具体地说，就是根据一定社会的需要和思想教育目的对传统文化与外域文化批判地借鉴吸收，有选择地加以传播，使其符合我国社会主义现代化发展的要求，符合我国先进文化发展的方向。

第一，思想教育者必须树立正确的文化价值观，提高文化选择的自觉性。

第二，加强对中华民族传统文化的批判继承和创造性的转化，要积极主动地对各种文化现象、文化因素进行科学分析、鉴别、筛选、利用。

第三，加强对受教育者文化选择的引导，注意提高其文化鉴别和选择能力，使其在文化交流和冲突中进行正确的文化选择。

(3) 思想教育的文化创造功能。20世纪50年代以来，科学技术飞速发展，世界范围的文化交流日益加强，各民族文化的联系日益紧密，竞争也越来越激烈。要提高中华民族文化的竞争力，使民族文化与时俱进，保持强劲的发展势头，就必须培养一大批具有文化创新能力的人才，而这正是当代思想教育的重要责任。思想教育通过培养具有创造精神和创造能力的人才，就能有力地推动文化的创新。同时，思想教育在传播文化的过程中，不是充当一个机械的传声筒，而是不断地对文化、伦理文化进行整合、创新，并以最恰当的方式向受教育者传递。这一过程实际上也是文化的创造过程。

思想教育的文化创造功能是客观存在的。在文化竞争日益激烈的今天，思想教育一定要高度重视创新型人才的培养，并创造性地传播文化和伦理文化，以充分发挥其文化创造功能。

3. 生态功能

思想教育的生态功能是指通过思想教育帮助受教育者形成生态意识和生态价值观念，并以此指导自身行为，从而推动生态文明建设的独特作用。具体来讲，思想教育的生态功能表现在以下几个方面：

(1) 帮助受教育者形成生态意识。要加强生态文明教育，帮助人们形成科学的生态观念。而思想教育在这方面具有重要作用。加强受教育者的生态文明教育，宣传生态环保知识，有助于提高他们的生态认知，即正确认识人与自然的关系及生态系统内部的关系；有助于形成正确的生态意识，即人与自然和谐共生、协调发展的意识，包括生态价值意识、生态忧患意识、生态道德意识、生态消费意识等，从而促使他们在社会生活中爱护环境、保护环境、与环境和谐相处，推动生态文明建设。

（2）引导受教育者遵守生态法规，调控生态行为。生态文明建设关乎人民的福祉和国家的未来。因此，通过思想教育提高全民族的生态文明意识和生态自觉，用制度保护生态环境。健全的生态法律体系是社会主义法治体系的重要组成部分，是建设社会主义生态文明的根本保障。为此，我国制定了一系列符合中国国情的生态法律法规，同时启动了生态红线保护制度，划定了林地和森林、湿地、荒漠植被、物种四条生态红线。生态红线是指生态系统在发展演变中生态平衡被打破，导致生态系统衰退甚至崩溃的临界状态。生态红线是保证生态安全的底线，具有约束性和强制性。必须在思想教育中加大生态法规教育，引导受教育者牢固树立生态法律意识和生态红线观念，在行动中严格遵守生态法规，恪守生态红线，不敢越雷池一步。通过思想教育将相关生态法规和政策传导给受教育者，发挥生态法律法规的约束、规范功能，调控人们的生态行为，促使人们的行为与生态保护同步、与生态发展相协调，使广大人民群众自觉地做环境的保护者、资源的节约者及生态和谐的促进者，以实际行动推动美丽中国建设，助力中国梦早日实现。

（3）引领生态思潮、创新生态文化。在人类工业化进程中，形成了形形色色的生态思潮，包括人类中心主义、技术享乐主义、功利主义、消费主义、生态社会主义、生态学、生态伦理学等。这些思潮都是为了回答和解决人类的生态问题，有着鲜明的利益诉求和价值取向。与此同时，思想教育还应大力创新与生态文明建设要求相适应的思想意识、价值观念、生态文化。只有这样，才能引导受教育者充分认识生态文明建设的意义，明确自然界除了具有满足人们物质需求的物质价值外，还具有满足人的科学认识、审美需要、文化象征意义的精神价值。为此，思想教育要充分发挥文化创新功能，在科学发展观指导下，合理吸取古今中外生态文化思想的精髓，对人民群众创造性的生态文明建设经验进行总结和升华，从而创新生态文化，充分发挥生态文化的积极作用。

（4）鼓励绿色消费，提倡低碳生活方式。进入工业社会后，过度生产和过度消费造成了巨大的资源浪费、严重的生态破坏和环境污染，人与自然的关系全面紧张。这种大量生产、大量消费、大量废弃的生活方式，是造成全球性生态危机的深层次原因。因此，人们必须反省自己的生活方式和生活态度，特别是要转变人们的生活方式，而思想教育在这方面具有重要作用。通过对人们进行基本国情教育、中华民族优秀传统文化教育和社会主义核心价值观教育，就能有效地引导人们树立绿色消费观念，选择低碳生活方式，从而为生态文明建设作出贡献，为实现美丽中国的美好愿景而奋斗。

在实际工作中，这两方面功能紧密联系在一起。个体性功能的实现不能脱离社会性功能去空谈，社会性功能也需要个体性功能为其实现的中介。我们应注意使两者有机统一起来，从而最大限度地发挥思想教育的功能。

（二）个体功能

1. 个体生存的功能

思想教育的个体生存功能是指思想教育在引导人类个体遵循客观规律、服从生存法则以便求得更好的生存状态的过程中所发挥的作用。人的生命活动不同于动物的本能活动，人是能动的社会存在物；实践是人类不同于动物的社会生命的特殊运动形式，是人类的存在方式。正是在实践活动过程中，人才成为一种自我创造的主体性存在。一般来说，人既生活在物质世界中，也生活在精神世界中。人为了生存，就必须满足基本的生理需要，在此基础上，才能去追求更高层次的心理需要和精神需要的满足。换言之，人的基本需要是人的高层次需要（如自尊、求知求美、自我实现等）的基础，没有健康的生命，崇高的道德精神就缺乏现实的物质前提；对道德的追求离不开个体生命物质需要的满足。

人自身的生存需要决定了人具有追求物质利益的欲望。思想教育应尊重和理解人的这种追求，通过促进物质文明的发展，不断改善人的生活条件，提高人的生活质量，最大限度地满足人们日益增长的物质生活需要。然而，人既具有自然属性，又具有社会属性，人的物质需要固然十分重要，精神需要也是不可或缺的，这是人的社会性特征的重要表现。人的社会属性决定人是一种超越性存在，人就是在这种超越中不断从动物性存在提升到人性存在，不断提高自己的生存质量，不断提升人性发展的层次和境界。因而，人的意义世界绝不限于自己活着，人所追求的应是比自己活着更有意义的意义，并用这样的意义世界去引导和规约其他的物质世界。

因此，思想教育不能仅仅停留在对人的物质需求追求的尊重上，而应引导人们实现从功利物欲到精神境界的升华，努力提升人的精神品质。

2. 个体发展的功能

思想教育的个体发展功能是指思想教育对塑造人的品德、促进人的发展所起的作用，主要体现在以下几个方面：

（1）引导方向。引导方向就是运用启发、动员、教育等方式，将受教育者的思想和行为引导到符合社会发展要求的方向上来，即通过丰富多彩的活动及其他方式，提高受教育者的思想道德素质，促使受教育者保持坚定正确的方向。具体来说，对受教育者的引导可从以下三方面进行：

第一，目标导向。目标导向即确定明确而具体的奋斗目标，引导受教育者向目标前进。

第二，政策导向。政策导向主要是通过宣传党的路线、方针、政策，对受教育者的思想和行为进行引导，提高其认识，规范其行为。

第三，舆论导向。舆论导向即利用赞赏、激励、批评、监督等手段，营造良好的舆论氛围，对受教育者的思想和行为形成一种强大的导向力、约束力。

通过这几方面的工作，思想教育就能较好地引导受教育者的思想向社会要求的方向发展。

（2）约束规范行为。思想教育通过向受教育者传导法律、道德等社会规范，通过肯定、褒奖符合社会规范的行为，否定、批评背离社会规范的行为，就能较好地实现对受教育者行为的规范和约束。规范和约束受教育者行为的功能是思想教育的重要功能，如果思想教育仅仅停留在抽象的思想观念的教育上，而没有明确的规范要求，就很难把受教育者的思想和行为引导到正确的轨道上来，就有可能出现道德失范的情况。

因此，思想教育要帮助受教育者形成正确的法治观、道德观，引导受教育者自觉遵循法律规范和道德规范，在社会规范允许的范围内从事创造性的活动。

（3）激发精神动力。思想教育的激励功能体现为运用多种激励手段，充分调动教育对象的积极性，促使其积极参与中国特色社会主义建设。人的积极性与人的需要密切相关，需要越强烈，积极性就越高；而人的需要又包括物质需要和精神需要，因而激励从总体上可分为物质激励和精神激励两大类，它们对人的激励作用都是不可或缺的。

（4）塑造个体人格。思想教育的重要功能在于塑造社会成员个体健全的人格，使受教育者形成崇高的精神境界和健康的心理品质，成为合格的社会成员，以积极主动地参与社会生活。而进行广泛深入的思想教育，可以更好地引导受教育者认识自己作为改造物质世界和创造社会历史的主体的地位，认识自己的历史使命和社会责任，从而提高受教育者的思想认识；可以更好地帮助教育对象树立远大的目标和崇高的理想，正确认识社会、认识人生、认识自己，提高其适应和改造客观环境的能力；可以更好地帮助受教育者保持对生活的积极参与和主动创造的精神，自强不息，百折不挠，从而充分挖掘自身的潜能，实现自身人格的完善。

由此可见，思想教育是人自我发展和自我完善的一种特殊精神力量，在个体人格塑造中发挥着重要的作用。

第二章　思想教育中的文化育人管理研究

中华传统文化与社会主义先进文化思想在当今思想教育中起到重要的指导作用，既要将优秀的传统文化融入思想教育中，也要结合社会主义先进文化思想。在两者共同影响下，促进社会环境、学校环境、家庭环境建设发展，在教育中良性循环，教人、育人。本章研究中华优秀传统文化融入思想教育的路径及社会主义先进文化与思想教育的发展。

第一节　中华优秀传统文化融入思想教育的路径

“文化作为一个国家的灵魂，能够推动国家与社会发展。传统文化蕴含了宝贵的精神财富，是中华民族的血脉。”

一、中华优秀传统文化的认知

（一）中华优秀传统文化的词义界定

传统文化这个概念非常大，其是由“传统”和“文化”两个概念构成的。“传统”是指从历史沿传下来的精神、制度、风俗、艺术等，其对人们的社会行为有着无形但深刻的影响。“文化”从词源上讲，原意为耕作、培养、教育、发展、尊重。文化是一种社会现象，也是一种历史现象，是人类创造出来的所有物质和精神财富的总和。

广义的“文化”着眼于人类与一般动物、人类社会与自然界的本质区别，着眼于人类卓立于自然的独特生存方式，其涵盖面非常广泛，所以称作“大文化”；狭义的“文化”是指人们普遍的社会习惯，是意识层面的精神文化，被称作“小文化”。

中国文化即中华民族在中国所创造的文化，涵盖古今。这又引申出一个纵横发展的概念——“传统”。“传统”由“传”和“统”两个字构成。纵向曰“传”，是指时间上的历时性、延续性，是指那些过去有的，现在仍然在起作用的东西，是一代代传下来的“活”的东西；横向曰“统”，其有两层含义：空间的拓展性和权威性。

传统是历史发展继承性的表现，它无处不在，时时刻刻影响着我们的社会和生活。最深刻的传统表现形式为先秦诸子百家尤其是儒家所提出的各种思想，奠定了华夏民族基本的思维方式、行为方式甚至情感态度，深刻影响了此后两千多年的中国历史。这种生存模式和价值系统以生物遗传和社会遗传的形式世代延续，已深深地融入中华民族的血液之中，内化为人们的心理性格并渗透到政治、经济以及精神生活的各个领域，成为影响人们思想行为和日常生活的强大力量。由此可以看出，中华优秀传统文化影响着民族发展进程中所有的物质形态与精神状态。纵向来看，中华优秀传统文化主要指我国传统社会的文化；横向来看，指中国传统社会中中华民族的整体生活方式和价值系统，其内容包括自然科学、人文科学中的各个门类。

“传统”代表着一种历史沿袭与演进，有“传承”之意。中华优秀传统文化则是指中华文明经过五千年的演化而形成的具有民族特质和风貌的民族文化，是民族历史上各种思想文化、观念形态的总体表征。中华优秀传统文化指在中国的疆域内，中华民族经过漫长岁月积淀下来的民族文化，并且为中华民族世世代代传承并发展。中华优秀传统文化博大精深、源远流长，值得每一个中国人骄傲，它把广大中华儿女紧紧地团结在了一起。与此同时，中华优秀传统文化是发展变化的，与现在的中国一起历经现代化，与当今社会的精神文明建设紧密相连。

中华优秀传统文化的涵盖范围很广，既包括诸子百家的学术研究、琴棋书画的传统艺术、蕴含深厚的传统文学，又包括中国的汉字汉语、传统中医、宗教哲学、民间工艺、地域文化、中华武术、民风民俗、古玩器物、神话传说、音乐戏曲，甚至名川大山。这些中华优秀传统文化相互影响、相互作用，对中国社会的发展产生了重大影响。

中华优秀传统文化就是指中华传统文化的精华与灵魂，体现着民族精神的价值。这部分优秀文化在中华民族的发展史上，在中华民族思想发展史上起到过积极的推动作用，对于现代社会来说也有其相对的价值；从文化思想层面上来说，能够促进社会进步和民族发展。归根结底，中华优秀传统文化是在中华民族漫长的发展史中形成的，在促进历史的发展上发挥着积极的推动作用，并且至今仍具有重要价值的一类思想文化。以爱国主义为核心的中华民族精神、君子和而不同的宽恕思想、勤劳勇敢的品德、不屈不挠的奋斗精神、克己奉公的人生态度等都是中华优秀传统文化的体现。

（二）中华优秀传统文化的现代解读

弘扬中华优秀传统文化不仅是当代中国文化建设的重要内容，也是国家治理体系和治理能力建设的重要方针。一个国家选择什么样的治理体系，是由这个国家的历史传承、文化传统、经济社会发展水平决定的，是由这个国家的人民决定的。我国今天的国家治理体系是在我国历史传承、文化传统、经济社会发展的基础上长期发展、渐进改进、内生性演化的结果。我们所选择的中国特色社会主义道路、所培育和践行的社会主义核心价值观、所传承的中华优秀传统美德都属于国家治理体系范畴，都得益于中华优秀传统文化的有效滋养。

1. 中华优秀传统文化滋养中国特色社会主义

“中国特色”是自古以来中国独有的、彰显中国风格气派的、由中国这个特定的具体的环境创造的。中国共产党人积极自觉地把中华优秀传统文化与中国特色社会主义有效对接起来。独特的文化传统、独特的历史命运、独特的基本国情，注定了我们必然要走适合自己特点的发展道路。这就是中国特色社会主义道路。这条道路是中国共产党带领中国人民历经千辛万苦、付出巨大代价开辟出来的，是被实践证明了的符合中国国情、适合时代发展要求的正确道路。

中国特色社会主义根植于中华优秀传统文化，中华优秀传统文化助力着中国特色社会主义建设。

建设中国特色社会主义是深深植根于人民群众的历史创造活动，是继承发扬中华优秀传统文化的表现；通过吸收世界文化精华，形成了社会主义内容和中华民族形式相结合的全新的文化。中国特色社会主义理论源于中华优秀传统文化，是马克思主义基本原理同中国实际即社会主义建设实践、中国历史文化相结合的产物。

2. 中华优秀传统文化是社会主义核心价值观的源泉

每一个民族及其所建立的国家，在一定阶段内都会形成与其根本制度、社会发展相适应的并能主导和维系全社会思想和行为的核心价值观。一个民族、一个国家的核心价值观必须同这个民族、这个国家的历史文化相契合，同这个民族、这个国家的人民正在进行的奋斗目标相结合，同这个民族、这个国家需要解决的时代问题相适应。社会主义核心价值观作为中国特色社会主义事业的精神旗帜，不仅引领着国家的发展方向，更支撑着各项建设事业的稳步推进。在推动中华民族伟大复兴的征程中，社会主义核心价值观发挥着至关重要的作用。中国共产党人明确指出了社会主义核心价值观根植于中华优秀传统文化、中华优秀传统文化为培育社会主义核心价值观提供了丰富的思想资源的辩证关系。

社会主义核心价值观之所以源于中华优秀传统文化，不仅因为中华优秀传统文化内涵丰富，更因为其适合中华民族的发展并与时俱进，持久地维系着中华民族。因此，培育和践行的社会主义核心价值观必然折射出中华优秀传统文化。

中华优秀传统文化中“实干兴邦”的治国理念、“兼听则明”的民主思想、“以和为贵”“和而不同”的发展道路、“天下大同”的社会理想、“礼法合治”的治国策略、“精忠报国”的爱国情怀、“敬业乐群”的职业操守、“己所不欲勿施于人”“与人为善”的处世之道、“择善而从”“仁者爱人”的道德修为，都为倡导和践行社会主义核心价值观提供了思想基础与力量源泉。培育和弘扬核心价值观，有效整合社会意识，是社会系统得以正常运转、社会秩序得以有效维护的重要途径，也是国家治理体系和治理能力的重要方面。构建具有强大感召力的核心价值观，关系社会和谐稳定，关系国家长治久安。社会主义核心价值观发源于我国的优秀传统文化，为中国建设特色社会主义、健全治理体系、提高治理能力服务。中华优秀传统文化和社会主义核心价值观在治国理政中的重要作用在此凸显出来。

3. 中华优秀传统文化是中华传统美德的资源宝库

道德是文化的一种，属于精神层面，以文化为载体。所以，中华优秀传统文化里必然蕴藏着中华传统美德。中华文化源远流长，积淀着中华民族最深层的精神追求，代表着中华民族独特的精神标识，为中华民族生生不息、发展壮大提供了丰厚滋养。中华传统美德是中华文化精髓，蕴含着丰富的思想道德资源。中国共产党人不仅强调道德建设的重要性，而且指出道德建设要充分借鉴中华传统美德的必要性；不仅列举中华传统文化熏陶下的伟大思想家，也总括他们影响深远的思想理念。这种层层递进的逻辑论证，意在强调当下在社会主义道德建设的进程中必须充分汲取中华传统美德的丰厚养分，以此彰显中华优秀传统文化在当代的重大价值。

二、中华优秀传统文化与思想教育的关联

（一）思想教育的文化价值

我国一直重视思想教育。学校在进行以思想教育为主题的教育时，将治校、兴校和育人作为教育价值取向的选择和重点把握。思想教育其价值、理念、目标和原则源于中国传统思想道德资源。

思想教育按照不同的标准对文化进行了划分，比如道德文化、政治文化、经济文化等不同的文化。这都是因为思想教育的主要目标是让人形成正确的、科学的思想。因此，关注思想教育的文化价值就相当于关注教育发展本身。

教育不仅属于文化的精神层面，也属于文化的制度层面。教育通过一系列的手段使文化成果在新的一代人中间得到传承发扬。与知识性的教育不同，思想教育的主要任务是传承发扬人类在精神领域的文明成果，用精神文化成果来陶冶下一代人，使他们拥有较高的思想道德水平。

1. 思想教育的文化育人功能

思想教育是作用于人的，是不断促使人转变的育人的过程。在这一过程中，思想教育逐渐形成自己特有的文化，它的文化本质体现出了其促进社会文化发展、建设和创新方面的效应，且肩负了文化教育这一目标。除此之外，思想教育对文化的传承和创新，是以积淀深厚的文化底蕴为基础进行的，正是因为文化底蕴的存在造就了与之相对应的文化融合和研究等功能。

(1) 从具体上说，文化育人是思想教育一直坚持“以人为本”的必然结果。思想教育是教育的一部分，原本的目的就是开发人的理性和培养健康的

人格。因此，教育设计的重点是人，培养出有思想、有感情、高素质和创新型全面发展的复合型人才。文化在人类发展中起到思想引领和精神驱动的长久作用，能够不断完善和提高人的思想精神境界。

（2）为思想教育提供充足特殊资源的也是文化。文化资源能够将思想价值观、信念等隐性文化元素，在思想教育过程中作为宣传的精神对象，进而转化为强大的精神动力。这种转化方式强调了人与文化的关系、作用，体现出自身存在的价值。在现实生活中，有很多可以证实文化能为社会经济带来价值的现象。思想教育中的文化育人，还可以做到让文化和精神变为统一向上的科学信仰和社会心理。这种做法是为了让人们充分挖掘文化本身，引导人们学会通过思想教育文化育人追寻生活的意义，时刻关注人的主体性意义。

（3）思想教育基础的构成是文化价值引导。思想教育主要是为了促进人的发展、开发人的潜力、提升人的境界和扩大生命的内涵。它以人为对象，以人的发展为基本目标，坚持将理想追求置于很高的地位和坚持以人为导向。对社会问题保持高度的敏锐性，使培养的人才形成正确的世界观、人生观、价值观，使他们在具体的研究中遵循科学的价值引导，形成推动事业进步、人生发展的价值导向与文化基础。思想教育必须有一种着眼于未来的境界，要明白体现人类最高境界的价值追求之一就是文化育人，坚持文化育人是对人类的终极关怀，也体现了人类对超越功利的人生价值的需求。

2. 思想教育促进校园文化发展

校园文化是以校园为主要空间，主体是学生。其主要内容包括环境文化、精神文化、制度文化和行为文化，是一种以校园的精神文明为主要特征的群体文化。校园文化中存在外界没有、只有学校才拥有的特定的、独特的精神环境和文化氛围。其中包括以学生为代表的思想和行为特征、行为方式及文化观念等，还包括学校的校风、传统和学风，还有各种有关心理氛围、集体关系舆论等具有明文规定和制度性的行为规范准则，以及以群体形式出现的文化活动。在这样的校园文化中，最能体现其本质的是校园精神和风气。

校园文化不是简单的区域性概念，已经变成一种文化氛围。氛围中包含制度文化中的制度和校园物质文化的设施。如今的校园文化充满现代意识，是人自发和自觉的，随时随地都被时代文化的潮流影响。校园文化是时常更新的，能时刻保持动力。比如，随着网络环境和信息技术的发展，应运而产生各种网络文化。校园文化也是如此，也要依据这一内容丰富校园网络文化的内涵建设。

校园文化建设和思想教育在高等教育中的存在是客观的，两者之间相互影响、相互区别、相互强化和相互促进。它们的独立是相对的。在思想教育中，校园文化是其实践环节和重要载体，也是有效的途径。校园文化最重要的功能就是育人，校园文化的建设既要体现学校特色，还要展现社会主义的特点和时代特征，形成优秀的学风和校风。思想教育和学校校园的关系体现在以下方面：

(1) 校园的文化建设是思想教育最有效的载体，是通过校园的人文环境和文化建设的熏陶而形成的价值标准、行为规范和共同观念追求，为教育提供良好基础，以早日实现高等教育的德育目标。除此之外，校园文化是在校园内展开的多类型、多方面的课堂内外的教学文化活动，能充分发挥个人的主动性、创造性和独立性，使学生能够独立、自觉地完成思考，享受自我表现时的状态。

(2) 思想教育正确引导学校的校园文化，防止其受到社会大文化的冲击和思想教育的畸形、片面发展，也防止学生思想出现偏离，以及信念、观念和理想的失落。

(3) 思想教育指引着校园文化的建设方向。构成社会主义社会文化的重要部分之一就是有着进步意义的校园文化。校园文化的主体是人，它尊重人的价值和主体精神；思想教育工作的主体和中心也是人，它始终以提高人的觉悟、启迪人、武装人和升华人为目的。因此，思想教育工作能够有效提升校园文化的格调和品位，使人真正实现德、智、体、美、劳的全面发展，真正成为社会主义的可靠接班人和优秀建设者。

(4) 学校的校园文化和思想教育在教育内容、主体、方法、创新型人才的培养和内在机制、发展规律等方面是存在明显差别的。从方式方法上来说，思想教育属于隐性的教育方式，校园文化则常以显性的教育方式出现；而主体方面，教育者是思想教育的主体，学生则是教育客体；从内容上说，思想教育的侧重点在于政治、思想、道德和心理教育，校园文化涵盖了德、智、体、美各方面的发展。

3. 思想教育传承优秀文化

教育在一定意义上是作为文化活动存在的，思想教育就是一种运用一定道德规范和思想观念进行的社会实践活动。这种观念和规范在政治和伦理上具有特殊性质，这一教育过程就是优秀文化传承的过程，使其不断地传递和扩散，超过它产生的地域，将人类创造的文化安置于人们的心中。从中可以看出，人类创造的灿烂文化之所以能够流传至今，离不开文化特质或元素在思想教育过程中的不断转移。在思想教育中传承优秀文化，是让人的智慧、观念、情感和意志等都与优秀文化建立某种联系，让文化真正地参与社会生产和生活，融入人们的生存方式，使人遵守社会规范，在生活中维持基本良好的秩序。

思想教育传承的文化不仅包含科学文化类等知识类形态的文化，还有一些其他文化，如集体主义价值观、世界观、人生观等充满意识形态的文化。思想教育不但传承了各种理性形态的文化，还传承了爱国主义情感、认真负责的态度等各种非理性形态的文化；不但传承了各种意识层面的文化，还传承了社会风尚的潜意识层面的文化和健康的文化心态。因此可以说，思想教育在传承优秀文化方面属于一种社会文化的积淀，是在合理地过滤各种文化形态基础上的理性传承，也是社会文化在同化基础上的文化迁移。

4. 思想教育选择优秀文化

教育把文化成果传给下一代人，但是这种传递并不是没有选择地全部传递给下一代人；教育总是把文化成果中精华的部分，有选择性地传递给下一代。一方面，这是因为前代人创造的文化总是精华与糟粕并存，不得不进行一番去粗取精、去伪存真的工作；另一方面，人类文化的成果数量也是巨大的，每一代人的时间精力都是有限的，只能选择那些优秀成果中的精华部分，优中选优地进行传递。

教育就是一种文化的选择和重新构建，思想教育同样如此。思想教育按照先进的文化理想选择那些符合未来发展方向、具有恒久生命力的文化成果传递给下一代人。在选择传递的文化对象时也就是对文化进行选择，将先进文化保存下来。思想教育选择何种价值观进行传递，直接决定了社会与人存在和发展的方向。创造新文化、扬弃旧文化，在这一点上思想教育起到重要的作用。

5. 思想教育纠偏多元文化

整理被选择的和具有过滤性的文化，是思想教育在整合多元文化时完成的，是让不同的文化通过相互融合和吸收，从而逐渐一体化。多种类型的文化不只存在于一种社会，因此在多元化背景下，就算是社会主义社会也是可以和任何社会形态一样共同享有。

随着当前开放程度的逐步深入，涌现出了各种文化形态，思想教育文化整合纠偏的作用显得较为重要。当然，整合纠偏也不代表着否认其他文明的优秀理论成果，这些社会主义的主流文化也要学会在批判中吸收优秀的理论成果。思想教育是社会文化的有机组成部分，其在扩大对外开放和加强社会主义市场经济的新形势下，也同样遭受了不同文化的冲击与影响。特别是互联网信息技术的出现与迅猛发展更是加剧了这种情形。因此，现在急需发挥思想教育文化的整合纠偏功能，合理地吸收各种文化成分，有利于调节文化冲突和补充主流文化，加快思想教育自身的发展和主流文化的发展。

6. 思想教育创造先进文化

思想教育活动能够在内容和结构方面促使文化发生改变，不断超越自身的发展，从而产生先进文化。由此可见，思想教育在一定意义上是创造先进文化价值的。在文化中，思想教育具有极其重要的作用，还具有一定的创新价值，原因有以下三点：

首先，从客观的角度出发，由文化本身的结构特点决定的。文化可以分为物质、精神和制度三个层面，只有从物质和制度的文化中引起精神文化的嬗变，才能改变其文化体系的整体性、结构性和全局性。

其次，由人的文化主体决定。文化的主体是人，而创造文化和承受文化的同样是人。思想教育的目的就是培养能够开拓新品格和拥有先进价值观的人。受教育者能通过思想教育，由自己的主体意志进行选择、创造和规范，解释教育中所提供的认知图式，让它的文化要求符合时代的发展。

最后，决定方式是文化创造的过程。文化创造的重要动因源于各种文化的互动，人们通过思想教育与不同文化和价值取向进行频繁、密切的接触，适应不同价值规范体系的文化，并在这些文化互动中产生创新意识。

思想教育的文化价值是双向性的，思想教育发挥了其独特的文化价值。

恰好在这之中，在实现思想教育价值上，文化属于很重要的因素。因此，既要充分挖掘思想教育的文化价值潜力，还要在思想教育中实现文化价值，为其提供更多的教育信息资源，增强各类形态的社会主义文化建设，以实现思想教育中的文化价值。

(二) 思想教育的文化属性

文化是在历史中形成和发展的生活方式。从时间上看，文化具有绵延性与持续性；从空间上看，文化具有广延性与伸展性。每个人都从属于一定的文化，任何文化也都必须有一定的人群作为其载体。文化规范着个人人生，指导着个人人生，是超越于每一个个体人生之外、之上的客观存在。人类的每一项活动都是文化的活动，即使是吃，文化不同，其内容、形式也不同。文化与教育息息相关，中国古人认为“以文化人”。思想教育作为一种培养人的活动，具有极强的文化属性。

1. 思想教育的目的蕴含文化理想

思想教育的目的是促进人们精神素质的发展。精神素质是人的发展的重要方面，精神素质的发展在人的自由、全面发展中起着枢纽作用。文化塑造和决定着不同社会对精神素质的不同要求。思想教育的目的受到其母体文化环境的影响，使其具有显著的文化特色。在不同文化背景下，思想教育的目的是不同的，不同文化蕴含不同的人文理想。

文化就是人化，文化的不同就是人的不同。虽然各个国家各个民族都会以本民族的文化来规范其成员，但是各个民族的文化理想是不同的。各个文化对人的理想是不一的。在中国文化中，理想的人是具有仁、义、礼、智、信的人，是集体的人，个人从属于集体，只有在集体中才能彰显个人的价值。

中国人培养人们为人民服务的精神，西方人则培养人们为自己的精神。中国古典舞蹈大多是集体舞，众多人紧密配合如同一个人；西方舞蹈则以个人独舞为主，即使集体舞蹈也是为了突出少数个别领舞者，这就反映了中西文化差异。

显而易见，这些各异的教育目标体现了不同文化对人的思想道德品质的不同需求，不同国家思想教育所传承的文化也各不相同。

2. 思想教育的主体是被文化塑造过的人

思想教育的主体既包括教育者，也包括受教育者。无论是教育者还是受教育者，都是处于一定文化环境中的人。从出生起，文化就塑造着处于其中的每一个人。对思想教育的主体而言，其存在都是一个文化的存在，都受到一定文化的塑造和陶冶，也就必然具有文化性。主体的思维、知识结构、认知模式等都具有文化性。文化塑造着个人，个人对文化也有影响。譬如，中国人从小就懂得过春节、端午节、中秋节，而西方人从小是过圣诞节、万圣节。当一个人能够使用语言了，他就已经成为一个特定文化的小创造物。特定的文化模式就是他的生活模式，文化的信念就是他的信念。

3. 思想教育的方法是文化的产物

方法是为目的服务的，思想教育方法是为达到其目的服务的。目标决定方法的选择，同时目标的实现依赖方法，方法和目标是不可分离的。

思想教育目标和手段都具有文化性，都是文化的产物；教育目标的多元性决定着教育方法的多样性。西方思想教育的目标是培养有理性的公民，主张人人平等，因而思想教育方法也变得文明起来，道德讨论、案例研究、价值澄清等现代德育方法被采用。

文化在现代社会越来越显示出其深厚的力量，科技可以改变世界，但是无法变革文化。思想教育作为一种文化教育，其文化底蕴在于帮助人们树立正确的文化观念，构建有意义的价值世界，确立中国人的精神世界。作为人类活动方式的凝结，文化是思想教育存在的前提、基础，也是它传承的对象。

(三) 中华优秀传统文化的思想教育价值

中华优秀传统文化的思想教育价值是指传统文化对人们思想、道德、心理正面的影响、积极的意义，对于人们精神发展需要的满足关系，对于思想教育学的积极意义。分析思想教育价值特点对于开展学生思想教育具有一定的意义。

1. 永恒性与历史性的统一

中华优秀传统文化的思想教育价值具有永恒性，它是中华民族生生不息的精神滋养。永恒性是指中华优秀传统文化具有永久性、普遍性、超越性的特征，这也是中华优秀传统文化经历过时间考验的文化特征。

中华优秀传统文化思想教育价值的永恒性正是建立在中华优秀传统文化的永恒性特质之上的。尤其是中华优秀传统文化中蕴含的中华民族精神的精华，具有永恒的价值。

从时间来说，中华优秀传统文化历经五千余年而不衰，在发展过程中不仅没有中断，还不断汲取异域文化的养分，不断发展壮大。从内涵来说，中华优秀传统文化具有普遍的真理性质，在历史上中华优秀传统文化传到东亚各国，被普遍接受。

中华优秀传统文化的永恒性还体现在其内容具有超越性，也就是具有超越时间、空间、民族、种族和语言的永恒价值。几千年来，很多国家和民族消失了，很多文化和语言消失了，可是中华优秀传统文化依然屹立不倒，经受住了最严苛的时间考验，承受住了各方面的压力打击。中华优秀传统文化是具有强大生命力的文化，因为中华优秀传统文化具有永恒性，所以需要我们好好继承和发扬这一份宝贵的历史遗产。

中华优秀传统文化的思想教育价值又是历史性的，在不同的时代其具体的价值是不同的。每一个历史时期，人们的需要是不同的，因而中华优秀传统文化满足人们需要的内容、方式、结构等也是不同的，产生的思想教育价值关系也就不同。在古代，中华优秀传统文化的思想教育价值在于培养为专制统治服务的管理人才，而在今天，中华优秀传统文化的思想教育价值主要在于培养人们的爱国主义精神、民族精神，培养新一代的社会主义人才。中华优秀传统文化的思想教育价值具有时代性，这就要求我们必须与时俱进，用新的时代眼光和时代精神来重新审视传统文化，挖掘具有时代意义的价值内涵和精神资源。

永恒性与历史性是辩证统一的。永恒性通过历史性表现出来，虽然每一个时代其思想教育价值有所不同，但是每一个时代都能发挥以文化人的作用，提高人们的思想道德修养，激励人们的奋斗精神、爱国精神。历史性也有赖于永恒性，没有永恒性作为基础，就不可能长期在历史上发挥作用，早就被历史淘汰。

2. 民族性与世界性的统一

中华优秀传统文化的思想教育具有民族性，因为文化是民族的，人们的需要具有民族性。在不同的国家和地区，中华优秀传统文化的作用是不同的。中华优秀传统文化是中国人的创造，具有浓厚的中国特色、中国风格、中国气派，它是中国人满足自己文化和精神需要的产物，是中华民族与自然环境斗争的产物，更能满足中国人的精神需要，对中国人精神需要的满足的价值更大。从内容上来说，中华优秀传统文化更适应中华民族的思想教育需要，中国文化的范畴就是中华民族精神的范畴，也就更适宜于中华民族，中华优秀传统文化是中华民族生生不息的精神滋养。从形式上来说，中华优秀传统文化的存在形式和教化方式更适应中国人的文化心理，易于为中国人所接受。

中华优秀传统文化的思想教育价值也具有世界性。中华优秀传统文化不仅属于中华民族，更属于世界；不仅是中华民族的宝贵精神财富，也是世界文明的宝贵财富。中华优秀传统文化不仅对东亚人民具有精神价值，对欧美人同样有思想教育价值。在现代化背景下，工具理性的肆虐，导致人们压力过大、心理失衡，许多人从中华优秀传统文化中寻找一点心理慰藉。《道德经》在德国流传非常广，基本家喻户晓，甚至影响到海德格尔、叔本华等大哲学家。今天，孔子学院之所以能在世界各地安家落户、广受欢迎，就是因为中华优秀传统文化的世界性价值。

民族性与世界性是辩证统一的。民族性是世界性的基础，世界性寓于民族性之中。只有把握好中华优秀传统文化思想教育的民族性与世界性的统一，才能正确发挥其价值。

3. 社会性与个体性的统一

中华优秀传统文化的思想教育价值具有社会性，因为任何价值的产生都源于社会。传统文化能够满足社会发展的需要。从中华优秀传统文化思想教育价值的主体来说，任何主体都是处于一定社会关系中的人，其本质是一切社会关系的总和，其价值活动必然具有社会性，产生一定的社会影响，同时受到社会条件和环境的制约，并不存在脱离社会的孤立的个人。从传统文化的思想教育价值客体来说，中华优秀传统文化是社会的产物，具有社会性；它是全社会的宝贵精神产品，属于整个社会。从中华优秀传统文化的思想教育价值的实现来说，也不可能脱离社会；只有通过社会实践，用制度化的形式来发扬传统文化，才可能使其思想教育价值得到顺利实现。脱离了社会，中华优秀传统文化就不能实现其价值。

中华优秀传统文化的思想教育价值又具有个体性，对每个不同的主体来说传统文化的价值是不同的。从个体的需要来说，不同的个体其精神需要不同，也就决定了他们对于中华优秀传统文化思想教育价值的选择有所不同。比如，对党政干部来说，中华优秀传统文化的价值可能更多地体现在提升官德修养和借鉴治国理政的历史经验；而对学生来说，中华优秀传统文化更多的是起到一种文化教育作用，促进个体的成长。中华优秀传统文化的内容非常丰富，其思想教育价值也非常丰富，不同的主体可以根据自己的需要取用；遇到挫折和困难可能要学学儒家自强不息的精神，遇到无法克服的障碍可以学学道家旷达自在的精神。中华优秀传统文化的博大精深和主体需要的复杂多变决定了中华优秀传统文化的价值具有主体性。

社会性与个体性是辩证统一的。社会是由个体构成的，离开了个体就没有社会的存在。思想教育价值的社会性是以个体性为基础的，正是能够满足社会中千千万万个体的思想教育需要才构成其社会性。同时，中华优秀传统文化思想教育价值的个体性的实现也不能脱离社会性，每个人对中华优秀传统文化思想教育价值的利用和实现不能脱离一定的社会历史环境。社会条件规定着个体对传统文化思想教育价值的实现，不同社会中的不同个人其思想教育价值需要是千差万别的。

4. 客观性与主体性的统一

中华优秀传统文化的思想教育价值具有客观性。主体的思想教育需要具有客观性，人们不能从主观上任意取消这种需要，而只能满足这种需要。当一个社会的思想教育需要得到满足时，这个社会就会出现和谐的景象。如果一个社会的思想教育价值需要不能得到满足，就会造成道德失范等后果。从中华优秀传统文化思想教育价值的客体来说，中华优秀传统文化是一种客观的存在，它停留在典籍里、在中华民族共同体意识和民族心理、在历史古迹里，是一种客观的存在，其影响也是客观的。中华优秀传统文化对于主体思想教育需要的满足是客观的，人们确确实实可以通过中华优秀传统文化获得精神滋养、道德修养的提高、心理状况的优化。

中华优秀传统文化的思想教育价值具有主体性。中华优秀传统文化的思想教育价值直接与主体的特点相联系，反映主体性的内容。主体的需要决定了中华优秀传统文化价值的产生、发展、实现、评价等各个环节。主体需要的多维性、复杂性决定了中华优秀传统文化思想教育价值的多维性、复杂性。主体需要的个体性决定了中华优秀传统文化的思想教育价值的独特性。主体需要的发展性带来中华优秀传统文化价值的时代性。中华优秀传统文化思想教育价值反映着主体的情感和意志，没有主体的需要就没有中华优秀传统文化的思想教育价值。

思想教育具有客观性与主体性的辩证统一性。主体性以客观性为基础，没有客观性就不可能有主体性。传统文化客观上具有思想价值，富有丰厚的内涵，这是发挥其主体价值的前提。如果传统文化没有任何客观价值，不能满足人们的任何需求，那么主体也就不可能获取其价值。客观性的实现也离不开主体性，客观性的实现需要主体发挥主观能动性。传统文化的价值实现有待主体开发。

三、中华优秀传统文化融入学校思想教育的基本原则

任何事物的发展、成长都有其自身的规律，在大学中将优秀传统文化纳入思想教育中也不例外。需要我们立足新时代，把握好学生诉求，遵循客观规律，循序渐进地做好融入工作，这样才能实现中华优秀传统文化长期稳定地融入学校的思想教育中，实现以文育人、以文化人的重要作用。

(一) 理论与实践统一的原则

中华优秀传统文化的内涵博大精深，不仅是理论的知识，更是人民通过数千年的实践验证过符合人类发展规律的，因此才能在历史的长河中流传至今并依然有着时代特点。正如马克思主义理论进入中国后，在经过实际的检验后发展成为中国化、时代化的马克思主义理论。事实证明，只有通过实践验证的才能彰显价值本身。同样，想要学生学习好中华优秀传统文化，也需要在思想教育中做好理论与实践的统一，增强学生的心理认同感。

一方面，理论层面，要以马克思主义理论为指导，将中华优秀传统文化融入新时期的需要中，并将其与学校学生的思维发展特征相结合，提炼出更具有时代特色的优秀文化进行理论知识的宣讲学习。在理论方面要不断地进行创造性转换和创新性发展，推进理论突破和创新，并借助古典书籍、文

物等有效辅助内容进行专门的优秀传统文化的理论内涵研究，将更深层次的内涵挖掘并结合当下融入学校思想教育中。

另一方面，实践层面，学校要进行总体战略规划，促使优秀传统文化的实践活动与学校的发展方向相一致，做好活动的长期性与实效性，起到辅助理论学习的实践效果；有目的、有组织、有计划地开展优秀传统文化的实践活动，提前调查好学生的实际喜好，充分了解学生们的实际需求，丰富实践的形式，并通过创新奖励机制，督促学生自觉参与优秀传统文化的实践。实践活动能够在丰富校园生活的基础上，营造良好的氛围，进行优秀文化的整体学习；将课本上学习的理论知识应用于实践之中，在实践中感受力量，健全人格。

因此，在学习优秀传统文化中要做到将理论与实践相统一，使其相辅相成；用理论学习助力实践活动，在实践活动中感受理论的力量，使中华优秀传统文化的发展更加具有现实意义，更能取得育人新实效，激发理论与实践的共同发展。

（二）显性与隐性统一的原则

中华优秀传统文化在融入学校思想教育的过程中，还应当注意显性教育与隐性教育相统一的原则。

显性融入教育是指利用外化的手段，如公开地进行有组织、有目的的专题学习教育，并形成相应的体系，具备系统、科学的教学特点，显性教育也是最常见的学习方式。这种教学方式成效显著，是优秀传统文化融入的最重要的教学方式之一，常见的是利用课堂教学，直接传授优秀传统文化的相关理论知识，并通过开设选修课程加强理论学习，教育者与受教育者均明确知道在进行专业的学习，效率较高。但是它也存在相应的弊端，即单一的显性融入会受到教育者的能力、受教育者的思想变动、教学环境的改变、新时代教学技术的更新等因素的影响，存在吸引力不足、学生存在懈怠心理、感染力不够等问题。因此，在实际教育过程中，不仅要重视显性教育，还应重视与隐性教育相结合。

隐性教育是指教育者通过利用环境、氛围等因素，用间接且含蓄的手段实施教育。与显性教育不同的是，隐性教育是在受教育者无意识的情况下进行的，影响到学生思想心理活动。优秀传统文化的学习可以充分利用隐性融入，如在校园内展示传统文化、教师同学榜样作用、鼓励学生参与实践活动，在不知不觉中对传统文化的认知得到加强。这种方式可以很好地避免学生的抵触情绪，在适当的环境熏陶下，更能够激发自身学习传统文化的兴趣、产生自主思考与共鸣。但是隐性教育往往需要较长的周期，其成效需要多年的时间加以验证，不能形成客观完备的评价标准，并且教育者需要在实际中付出更多的时间与精力，在各方全力配合的基础上进行循序渐进的教育。尽管如此，隐性教育的长久实施可以更好地助力社会整体风气的养成，有助于优秀传统文化在思想教育中的顺利融入。做好将显性教育与隐性教育相结合，把握二者的特点，利用显性教育正面提升课堂学习的成果，利用隐性教育铺垫思想与心理认同，共同实现中华优秀传统文化的教育。

（三）批判与创新统一的原则

中华传统文化是中华民族长期发展的产物，在历史的兴衰中沉淀发展，但是受到历史的局限，不可避免地出现不适合时代发展的糟粕部分。因此，我们在推进把传统文化融入学生思想教育中时，要用批判的视角，认真分清哪些是糟粕、哪些是优秀部分，将辩证批判与创新相统一，保留对学生思想教育有益的部分，挑选出适合学生成长的部分进行宣传教育传授。在这个过程中，就需要教育者用辩证批判的视角对待传统文化。立足当下，对传统文化的学习继承是有条件的，需要进行适当的扬弃。在传承优秀文化的过程中，要重新审视发展的历史。一些僵化的思想便需要认真地甄别，对于传统文化中的家国情怀、明礼诚信等对实现中华民族伟大复兴有利的思想内涵需要继续发扬。要用批判的眼光看待传统文化的融入过程。同时，创新是发展的动力，可以保持优秀传统文化紧随时代的生机与活力。在将优秀传统文化融入学校思想教育的进程中，要根据时代的发展，创新教学方式、教学理念、实践活动，结合国家发展的实际与青年特点，坚持批判与创新相结合，实现中华优秀文化与学生思想教育的有机融合。

四、中华优秀传统文化融入学校思想教育的操作机理

要使中华优秀传统文化顺利融入学校思想教育中，不仅需要学校自身

的努力，还需要各方的支持协作，需要一系列的机制提供必要的支撑和保障。在具体的实践操作中，把握好融入的运作规律，除了学生自身外，注重其外部环境的培养与学校加强内部灌输都是保障融入的重要操作方式。

(一) 实践操作

为了更好地将中华优秀传统文化融入学校思想教育中，应全方位、多角度开展实践。

第一，学校要建立“以人为本”的教育理念。优秀传统文化强调人文关怀、价值取向和人的自我修养，符合现代教育的“以人为本”的理念。在将中华优秀传统文化融入过程中更应当以学生的成长与发展为出发点，注重对学生的全面培养，让学生在传统文化的熏陶下，感受到人文关怀和人性的尊严。

第二，要加强弘扬中华优秀传统文化的精神内涵。学校应该强调让学生掌握优秀传统文化的精华。通过学习传统文化，学生能更好地认识中华文化的基本精神，了解民族文化的传承与发展过程，增强他们的中华民族共同体意识和文化自信。

第三，学校应加强对传统文化的解释，并将优秀传统文化推入学科教学中。切实夯实学生对于传统文化的理解和解释，从中找出与当下政治形势及社会形态的对应，并通过讲解、引领等方式进行梳理，为学生在思考问题时给予文化层面的引导。

同时，利用好学科教学这一实施教育的重要方式，将传统文化贯穿其中，与现代科学技术的研究交融。比如医学、法学、经济史等方向，将传统文化与现代研究结合起来，通过学科教学的方式，使传统文化得到深入且广泛地推广。

第四，要利用实践性教学营造学习传统文化的氛围。通过实践性体验，如参观博物馆、实地文化考察等实践性活动，学生感受古代文化的魅力和内涵，深入了解中华传统文化，并形成优秀传统文化的文化浸润的氛围。注重传统文化美学形态的呈现，建设中华传统文化艺术中心或线下交流平台，延续古人文化的生活形态等传统文明艺术，在学校中创造开放性的传统文化氛围，使学生的参与度最大化。

(二) 运作规律

优秀传统文化进入学校思想教育的运作不是一次性的，而是长久的。在发展过程中，应注意重点把握以下几个方面：

第一，要把握好创新规律。优秀传统文化具有其特有的教学方式，可以在融入学校思想教育中创新教学方式。例如，将传统文化融入跨学科课程设计、实践性体验和演绎传统文化等，使用代表性教学案例和教学工具，运用互动式教学、交叉式导入、趣味化实践等方式来提升教学效果，让学生更好地理解传统文化，感受传统文化的美感，加深对它的理解。

第二，把握好综合性规律。在融入过程中做好整合和挖掘教育资源工作，从整体上将中华传统文化资源与教育资源进行整合与提升。将优质的传统文化资源（如文化古城建设、传承中华优秀传统文化的文化遗址等资源信息）进行系统梳理再植入学校思想教育相关学科教育和实践活动中，具体包括邀请专家学者授课、举办讲座和研讨会，建立优秀传统文化互动平台，增加交流机会。这样可以为学生提供广泛的传统文化资源和更多的学术交流机会。

第三，把握好个性化规律。在融入过程中应注重学生的个性化发展，因材施教，充分尊重学生的个性，以学生为中心，注重培养创新思维，以提高学生的自主性和独立思考能力。通过开放性的授课方式，鼓励学生独立思考和探究传统文化与当代社会的关系，并且引导他们将这种创新思维应用到实践中去。

第四，把握科学性规律。融入的实践需要科学的教育方法和教育理念，不能过于注重传统教育的方法，而忽略了现代教育的科学性和实效性。中华优秀传统文化是一个庞大而丰富的体系，需要深入了解传统文化的内容，再将其融入学校思想教育中；通过文化遗产、历史文献和名人名著等途径对其做出深入探讨，了解其内在价值和意义，在充分了解的基础上，科学地融入教学内容中去。

总的来说，在将中华优秀传统文化融入学校思想教育的实践中，想要提升学生学习优秀传统文化的热情和自信心，加深对中华优秀传统文化的认识和掌握，就要对创新规律、综合性规律、个性化与科学性规律进行有效的运用。

（三）重点把握

在优秀传统文化与学校思想教育的有机融合中，要注重通过引导、递进、引申等方式，提高学生理解和深度思考的能力，增加新鲜感，使其更易接受。

第一，应注意教育目标的明确。优秀传统文化的教学不仅仅是为了传承，更是为了提升学生的文化自信。因此，要通过明确教学目标，注重对优秀传统文化的传承和弘扬，提高学生的民族自信心和爱国精神。

第二，应对教学内容进行丰富。在融入过程中，注重选取全面、博大精深的传统文化，并通过利用现代人的视角对优秀传统文化进行解读，将思想文化内涵、民间艺术进行现代化的转化，尝试多维度塑造传统文化的魅力，避免将传统文化僵化。

第三，应注意教学方式方法的更新。现代教育教学方法纷繁复杂，传统文化的教学模式与思维方式一般无法满足现代教学需求。因此，需要教育者以现代教育教学方法为基础，创新多样化的传统文化教学方式，以取得更好的效果。以学生为中心，注重培养学生的创新思维和实践能力，鼓励学生通过实践探索和交流领悟中华传统文化的精髓。思想共融、文化汇聚，将中华传统文化与当代创新思维相结合，避免教学过程中过于机械重复而失去价值。

第四，应注重与多元文化的和谐。我们应该在传统文化中挖掘与其他文化之间的共性和互补性，促进不同文化之间的对话与交流，以实现不同文化的包容与和谐；并结合时代的背景，在教学中尽量将优秀传统文化与当代文化融合，与学生最新思想动向融合，实现符合学生认知习惯的教育模式。

（四）保障机制

完善融入的保障机制是确保优秀传统文化融入学校思想教育顺利进行的关键所在。学校要在党的领导下，坚持社会主义办学方向，为中华优秀传统文化的融入提供完善的制度保障机制，建设一套指标合理、覆盖全面、多方联动的制度保障体系。

第一，政府部门要提供好经费保障，学校要做好专款专用。政府上级部门要为学校学习优秀传统文化拨款，提供相应的专项经费支持，保障在经济上没有后顾之忧。并设立优秀传统文化的研究课题，给予相应学者经费支持，以探索优秀文化的专业性发展。学校通过组织优秀传统文化比赛，鼓励学生参加相应的创业创新大赛，并将成绩优秀的学生逐级上报参赛，通过奖励激励更多的学生学习优秀文化。但是在经费使用方面，需要加强对专项经费的监管，做到专款专用，使经费对优秀传统文化的学习促进效益最大化。

第二，政府可以通过成立专门管理部门，指导学校进行优秀文化的教学和实践活动，提供教育教学活动与实践活动的策划指导，协调整合各学校的各种资源，分享经验，使得已有优秀文化资源效用最大化，并落实协调各个学校和社会间的沟通交流，起到中介桥梁作用，帮助学校对接当地文化资源。另外，该部门也可以定期组织专家学者对学校教师进行专门培训，做好优秀传统文化理论课教师队伍建设工作，打造一批符合“六要”标准的高水平教师队伍，保障师资力量源源不断并具有较高综合素质。

第三，做好监督管理制度。在推进中华优秀传统文化融入学校思想教育的进程中，政府、学校都应当重视好责任的落实，强化主体责任制度。在构建优秀传统文化融入学校的系统机制中，有效的监管是势在必行的，需要政府等出台相应的监管政策文件，形成由各部门配合、教师学生协同参与的监管制度，做到对教学内容与平台、教师水平、学习成效的监管；同时协同重视网络舆论导向、媒体新闻发布的监管，营造良好的优秀传统文化融入的整体环境。通过经费专项保障和政府专门管理部门与相应的监督机制协同搭配，促进优秀传统文化更好地融入学校思想教育中。

（五）外部环境

学校是学生成长成才的重要场所，对学生未来正向发展有着重要的使命作用。因此，要对学生各方面做好教育引导。其中，为学生打造良好的学习外部环境尤为重要。营造出学生整体接受并积极学习优秀传统文化的氛围，可以从以下方面进行探索实施：

第一，形成校园内良好的育人环境。校园环境作为传播优秀传统文化的重要载体，在不知不觉中便可以对学生产生积极影响。在校史校训中加入传统文化的内容，如清华大学的“自强不息、厚德载物”，复旦大学的“博学而笃志，切问而近思”，中山大学的“博学、审问、慎思、明辨、笃行”。这些校训均出自中华优秀文化的古籍经典，学生们在每日的学习中更容易养成自觉践行并弘扬优秀传统文化的品格。在校园内展出传统文化的漫画、设立名言条幅，在图书馆教学楼内张贴名言警句，这些都对学生们学习优秀传统文化起到隐性铺垫作用并作用于学生认同优秀传统文化的心理建设。

第二，优化社会整体的外部环境。新时代学生接触外界的方式方法更加多样，利用互联网就可以足不出户地了解当下热点消息。受网络上各种不良思想的引导，一些立场不坚定的同学很容易产生对自身优秀文化的否定、动摇，因此有必要营造良好的社会整体学习优秀传统文化的氛围，并加强对网络信息传播的监管。新时代有新的传播工具，可以利用互联网平台打造专门学习的模块进行线上党政机关、社区、军队、企业等大比拼，通过广播电视举办精品电视节目，加强社会整体对优秀文化学习的塑造，营造良好的外部环境。

第三，外部环境的塑造还应包括对舆论环境的引导、对历史资源的挖掘。优秀传统文化的学习也应当结合当下热点资讯新闻，引导学生关注国内外时事政治，关注社会发生的大事件，将所学知识与社会热点进行结合，引导学生们自主讨论产生共鸣，鼓励学生将学到的理论知识用于解决当下存在的可创新的问题，在实践中提升学习的自觉性，可以为学生提供专门的论坛进行讨论，但一定要重视对舆论环境的正面引导，避免错误思想的传播发酵。再结合现有的历史资源进行深度挖掘，如在近日挖掘三星文物堆，激发了学生群体对于传统文物探索了解的兴趣，有效地推动了对优秀传统文化的自发学习。

（六）内部灌输

打造中华优秀传统文化的内部灌输，要提升对知识学习的全面性，从内部对知识进行灌输。

首先，要把握好课堂教学的主渠道。课堂教学无疑是学生学习的主要形式，因此要做好课堂教学的基础性工作，提升课堂教学的针对性、实效性、吸引力和感染力。一方面，对于优秀传统文化进行深层次研究并整合，推进各方力量发挥自身优势，形成探索优秀传统文化的合力，并在有序指导下将优秀传统文化编入教材，如在思想教育理论课中加入优秀传统文化的要素。例如，用“不积跬步无以至千里”讲解量变与质变之间的关系，用传统文化中的岳飞的《满江红》讲解爱国主义情怀，在专业通识课中增加优秀传统文化的比重，全面提升学生的思想素质。另一方面，重视对教师教学模式的创新发展，对教师能力素质规范化培训，全面提升教学质量，形成完备的课程知识体系。同时，要做好课程设置，根据不同专业的特点，开展有针对性的传统文化教育，并推进专业化的学习。

其次，注重隐性教育的实施。课堂教学属于显性教育，但是一味地灌输可能产生适得其反的影响，反而导致学生的抵触心理，因此还要重视对隐性教育的开发。想要培养学生自觉学习优秀传统文化的精神，对完善人格起到促进作用的话，需要各部门长久地协同合作，从正确价值观的养成做起，强化心理认同教育，通过各方的共同努力，使高校教师和学生达成价值认同。在对优秀文化高度认同后，才能从学习、信念上充分接纳，真正做到入脑、入耳、入心。

最后，要清楚地认识到中华优秀传统文化的融入过程是长期的过程，不能揠苗助长。需要守住各种精神原则，通过长期渗透、显隐结合等方式进行长期灌输，针对特殊群体进行特殊教育，做好道德浸润工作，循序渐进地渗透优秀传统文化的思想，在日常生活中利用勤奋进行自强教育，对其进行育才，成才后反馈社会，形成良好的风气，在实践中践行感恩精神。通过这些有阶段性的教育更好地将优秀传统文化落到学生思想教育工作的实处、细处、平常处。

五、中华优秀传统文化融入学校思想教育的实施模式

学校承担着培育未来人才的重任，而中华优秀传统文化是中国绵绵发展的精神命脉，凝聚了中国人几千年来的智慧结晶，也是现代社会主义核心价值观的重要体现，其中蕴含的家国情怀，锐意进取、艰苦奋斗等精神在现代仍然激励着青年人不断向前，有着思想教育的重要内涵。学校从优秀传统文化中汲取养料，帮助年轻人更好地进行行为规范和理想信念的教育，是符合新时代要求的必要探索。学校需要在坚持习近平新时代中国特色社会主义思想的指导下，更好地探索出优秀传统文化融入思想教育的实施途径，找到

二者之间的最佳融合点，并伴随着优秀传统文化的创造性转换与创新性发展、新时代青年人的新特点，与时俱进地培养好又红又专、德才兼备的社会主义接班人。

(一) 构建一体化推动模式

学校承担着“立德树人”的根本任务，学校教师要牢记教育的初心和育人的使命，挖掘一切有益资源，更好地达到培育社会主义合格建设者和接班人的目的。因此，有必要在学校的思想教育中，加入中华优秀传统文化的教育。这样不仅起到了培育学生成长成才的作用，也承担起弘扬优秀传统文化的时代责任。

1. 省级层面

(1) 注重对优秀传统文化的专项研究，通过设立相应的教育研究部门，充分发挥科研院所的作用，深层次挖掘当地有特色的优秀传统文化、挖掘时代内涵，从古书古籍中找寻专业知识，进行修复研究，并将其与新时代的思想特点做好结合，进一步地激发创造创新活力。

(2) 省级层面需要做好普及教育工作。所在地的各级学校要做好教育工作，形成小初高一体化连续的教育体系，将优秀传统文化的教育贯穿于学生的成长全过程中，为大学的教育做好铺垫。

(3) 做好优秀传统文化教材的编撰工作。教材是开展思想工作的基础，教材的质量水平关乎学习成效。各省要从整体对当地情况做好掌握，做好提前的调研工作，了解学生思想动向，并适当地结合当地特色，打造一批生动、有实践感并政治方向正确的专业教材；根据各学科门类的特点，适时地加入优秀文化的内容，做好整体教材的编撰、审核的批用工作，在省级层面做好把关。

2. 学校层面

作为优秀传统文化的重点环节，①学校层面要加强对教学质量的审核。整体规划、合理设置教学的课程、学分，打造好优秀传统文化课程体系，加强对教师教学能力的培养、组织教学知识的培训，让教师的能力与时俱进。例如，在校内试行思想教师队伍老中青帮扶措施，青年教师将新时代新技术分享给老教师，老教师将教学经验传授，做好帮扶工作，提高教学质量。

②做好教学的反馈和考核工作。学校要通过完备的考核制度，加强对学生学习效果的考核，以考促学，加强对优秀传统文化知识的理论掌握能力，并了解学生的学习实际效果。③学校要加强优秀传统文化实践活动的创办。学生在校内的活动对课堂学习有很好的推动作用，学校要积极组织开展优秀传统文化系列活动，让学生在课堂中学习到的知识落到实践活动中去。除了课堂教学体系外，学校要构建完善的实践教学体系以做到对课堂教学的补充，实践活动要做到因人、因环境而异，做好校内和校外的结合。校内通过丰富多彩的校园文化，如传统文化情景剧、红色歌曲演唱、传统文化知识竞赛、勤工助学先锋岗，校外联系实践教育基地，进行参观历史场馆、走访文化产品企业活动，让学生们知行合一，在实践中感受到优秀传统文化的魅力所在。

3. 学校实施层面

在省级制定完善教材、学校不断推进教学质量的改革后，学校具体的实施应从以下两个方面开展：首先，发挥马克思主义学院的引领作用。融入中华优秀传统文化的思想教育课程教学任务由马院承担。因此，马克思主义学院要加强自身建设。通过多种形式加强对教师的能力提升，重点考察学校教师的师德师风，使教师们思想正确、积极进步；鼓励教师经常举行校内公开课，让教师之间经常互相学习，并利用互联网技术，加强教学模式的创新发展，如开通线上公开课，增强课程的吸引力，利用互联网平台传播优秀传统文化的相关知识，做好文化普及宣传。其次，其他各学院应充分发挥课程的作用，将优秀传统文化融入各门课程中，与思想教育理论课形成协同发展的效用。即使在专业课程的教学中也需要重视对学生思想的引领，并根据学院特色开展吸引力强的选修课程。例如，食品学院可以开展中国茶、酒历史文化的选修，化学、电子等理工类学院可以介绍中国历史上在该方面取得突出贡献的人物、事件成就，树立好典范带头作用，但是各学院在讲授过程中要注重对融入历史情况的真实了解。综上所述，发挥好马克思学院的主引领作用，其他各学院积极配合，共同做好学生的优秀传统文化教育工作。

（二）实行课程发展模式

将优秀传统文化融入高校思想教育是新时代中国青年锤炼品德的重要途径。人无德不立，品德是为人之本。止于至善，是中华民族始终不变的人格追求。青年学生作为受到学校思想教育的主体对象，其对优秀传统文化知识的掌握能力与受到教育之后的思想状况和日常行为便是检验融入效果的最终归宿。学生群体不同于其他年龄段学生，其已经基本具备了一定的思想意识，但是由于思想刚刚成熟，很多思想还需要学校正向管理与引导，才能向着积极的方向发展。因此，要提高学生在优秀传统文化融入学校思想教育中的地位，鼓励学生参与到课程发展之中，把握好学生要素，充分尊重并发挥学生的主体作用。

第一，因材施教是思想教育最基本的方法之一。其要点在于根据不同学生的不同特点，有针对性地开展教育，将整体教育与个体教育充分结合，做到对学生充分熟悉和了解。在现阶段，优秀传统文化的融入不只是单纯的“教”，更要注重与“育”的结合，单纯的课堂灌输式教学知识对学生起到了“教”，但是想要做好育人的实效，将优秀传统文化的作用发挥到最大化，就要重视教学的步骤与过程，了解个体的发展需要。例如，哪些学生相对内向，适合帮助其走向集体；哪些学生的性格外向，在实践活动中可以带动其他同学，有领导天赋，能起到榜样作用。这些均需要在优秀传统文化的融入教学中加强重视，将学生的主体要素考虑其中，发挥学生的主观能动性，用学生所长加强个体对优秀传统文化学习的实际效果，将教师教学的发展方向转为向着促进学生个性化的方向发展，重视每个学生精神内涵的发展与道德的实践，将个体教育与群体教育一同发展，实现学生的个体价值。

第二，全方位提升学生自觉学习的意识。在学习优秀传统文化中，教师要协助学生端正学习态度，通过加强心理认同机制，帮助学生认识到学习优秀传统文化知识的时代价值和重要意义。传授传统文化知识的教师要及时联合班主任对学生群体学习思想情况进行摸排，加强对学生在学习的实际过程中遇到的问题的关注，及时为学生答疑解惑，实现正向引导。要提升学生自觉传播中华优秀传统文化的素养，鼓励学生利用学习到的传统美德知识提升自身素养；学生要常常严格要求自己，自觉参与和实践于传统文化的具体活动中，自觉提升自身素养并弘扬传统美德，做到知行合一。学生要自觉提高对优秀传统文化的认同感，担起时代使命，并抵制不良文化的入侵。随着时代的发展，如今各类文化思想激烈竞争，文化侵略暗潮涌动，因此更要加强学生的思想教育，使其通过学习优秀传统文化增强文化自信，产生高度的民族自信与自豪感。青年人作为祖国的希望、民族的未来，要牢筑自身信仰之基，自觉抵制恶意抹黑中华历史的行为；真正引导学生做到“位卑未敢忘忧国”，全面提升学生内心自觉学习与应用优秀传统文化的能力。

第三，健全学生主体的沟通反馈机制。优秀传统文化是在不断发展的，作为主体，学生应自觉参与其中。在理论课方面，在进行优秀文化理论课课堂教学前，应适时地通过开展问卷调查等形式，了解清楚现代学生对哪些内容感兴趣、对哪些内容存在疑惑、想要更多地关注哪些具体内容，并在课程中设立专门的模块解决学生的问题，让学生参与到课程建设中。由于优秀传统文化是动态发展的，在随着时代创新，并增进新的时代内涵，学生当下的最新需求需要教师格外关注。在课堂结束后，教师也需要加强和学生的互动交流，了解学生具体的学习掌握情况，让学生对课堂反馈，客观地评价教学质量、内容形式等，并提出改进的意见。教师可以根据学生的合理想法适当地进行课堂教学的优化。

在理论课之外的实践活动中，重视把握对学生应用优秀传统文化的能力培养，通过同学互评等方式，更真实地了解到学生的学习应用情况。在每次活动结束后，组织学生再次谈一谈对该次传统文化实践活动的心得体会与经验分享，将有益活动办成系列活动，推进学生主体受教育的长效性。利用课外互联网平台积极与学生互动沟通，得到学生的实时反馈，并用学生喜闻乐见的方式开展活动，使学生参与课程的交流讨论，促使优秀传统文化课程长期有效地发展，达到融入学校思想教育的实效。

(三) 树立合力育人体系

只有各方一起努力协作，才能达到满意的效果。这个道理放在将中华优秀传统文化融入学校思想教育中也是一样的。随着近些年国家陆续出台了相关的重要文件，越来越重视对中华优秀传统文化的学习，并明确指出不只学校自身要加强优秀传统文化的教育，更要与社会和家庭形成育人合力，做好各方的协同联动，形成整体的学习优秀文化的氛围。

首先，强化家庭教育。家庭是最小的社会结构，只有每个家庭稳定，社会才能稳定发展。家庭在生活的方方面面对子女起到影响作用，虽然没有系统的教学，但是父母也是子女最重要的施教者，往往通过潜移默化的形式，对子女形成教育作用，并能产生长期影响。因此，营造良好的家庭教育环境有助于优秀传统文化的学习。在学校组织家长会时，可以积极鼓励家长制定家规，更加规范地引导学生的日常行为习惯。家长也需要重视自身行为的修养，要重视言传身教的作用，构建学习型家庭。家长是孩子一生的导师，良好的育人环境、积极浓厚的家庭氛围对孩子成长起到帮扶作用。家长自身有正确的道德观念，在教育子女时将智育与德育结合，不仅要注重子女对知识的学习，更要完善对其品德的培养，并通过创造机会带子女参观博物馆、阅读古典书籍、打卡名胜古迹等助力子女形成良好的三观。子女也会适当反过来影响父母。家庭育人单元较小，相互之间影响较深，子女可以用在学校中学习到的知识反过来影响家长，形成互动形式。因此，在对学生的教育中，更要加强信念教育，利于学生回到家庭中促成良好的学习优秀文化的家风的形成。

其次，注重社会教育。社会由每个小家庭组成，社会成员也是每个家庭的一员，因此社会教育应与家庭教育同时进行，为学校教育起好辅助作用。中华优秀传统文化作为沉淀数千年的优秀文化，对社会成员的行为、心理都有着深刻的影响。当社会整体形成爱国守法、明礼诚信、艰苦奋斗的共识后，对每一位公民都有着积极的影响，可以很好地加深民族凝聚力。而青年学生在这样的大环境下，更有利于树立自己的优良品德，从社会中汲取学习优秀传统文化的力量。同时，社会中的案例往往更加贴近生活实际，并对学生产生极大的感染力。在各类社会文化活动与家庭长期隐性教育中，将学校课堂所学应用到社会实践中，更证明了社会的整体学习氛围对学生的成长有着不可忽视的作用。

最后，学习和弘扬中华优秀传统文化是学校、家庭和社会的共同责任，形成家庭长期支持、社会整体氛围、学校专业化学习的多维合力。发挥三者教育所长，并充分结合，形成“家庭—学校—社会”的立体全方位式教育，做到全员、全过程、全方位育人，真正将优秀传统文化融入青年学生的所思所想。具体来看，建立学校与家庭、学校与社会、家庭与社会的沟通渠道，通过实现家校互联了解学生在家庭内受教育的导向，并对学生情况加强反馈。学生走入社区宣讲优秀文化、社会大众传媒利用举办生动有趣的节目等积极传播优秀文化，家庭社区、家长开放日等也能使家长受到长期的教育。

激活家庭的潜在教育力，进一步整合现有资源。在三者合力中，提升优秀传统文化的实践力，纵向上融入青少年的成长全过程，横向上贯穿生活的每一方面。将中华优秀传统文化融入学校思想教育的实践模式得到学校、社会、家庭的有力支撑，可更广泛地普及全民弘扬优秀文化的精神，打通每一关键环节，实现文化育人，践行实现中华民族伟大复兴的历史责任。

（四）依托校园文化氛围

校园文化环境是学生学习生活的基本环境，对学生的思想有着重要影响。各学校都有其特色的校园文化，优秀的校园文化能够帮助学生陶冶情操、健康成长。校园文化环境可以分为物质文化环境与精神文化环境，物质文化环境一般包括学校建筑、宣传栏、路标、雕塑等校园景观，精神文化环境一般包括校训、校风以及建校以来逐渐形成的校园教学理念等内容。校园物质文化环境与精神文化环境在日常生活中都对学生有着潜移默化的作用，二者相互促进；物质文化服务于精神文化，以体现精神文化为价值旨归。将优秀传统文化融入校园文化建设的各个环节，能提升校园文化的传统特色与文化深度，进一步放大校园文化隐性教育的作用。同时，校园文化环境成为继承与弘扬优秀传统文化的重要载体，有助于进一步构建让学生充分接受优秀传统文化熏陶的生态和谐的校园文化生活。

1. 建设具备优秀传统文化风格的校园生活环境

加强校园文化建设对于推进高等教育改革发展、加强和改进学生思想教育、全面提高学生综合素质具有十分重要的意义。校园是学生日常学习生活的地方，能够对学生的思想文化与行为习惯产生隐性影响。将优秀传统文化中的先进精神内涵融入学生思想教育，可以依托校园物质文化环境。“物质文化是指人类创造的物质财富及其创造方式，是可感知的、具有物质实体的文化事物，构成整个文化创造的基础。”加强校园物质文化建设，为中华优秀传统文化融入学生思想教育构建多元化载体，建设具有浓厚优秀传统文化氛围的校园环境。校园物质文化环境一般包括校园建筑群、自然景观设计以及校园文化产品。

（1）打造具有传统文化特色的校园建筑群。比如，在教学楼、图书馆、寝室、活动中心等校园主体建筑中选取一两个学生流量较大的地方修建具有中式风格的传统文化教育基地，让学生在中华特有的建筑风格中感受优秀传统文化的创造力。再比如，可以修建24节气或者孝悌忠义的主题广场，为举办传统文化活动提供专门的场地。

充分利用校园建筑中存在感较低的场所，比如校园里的宣传栏、绘画墙、地下通道之类的地方，组织学生自己动手设计与《山海经》《诗经》《离骚》等传统文化内容有关的壁画、书法，让经过的学生接受无意识地学习，如厦门大学的墙壁软文化。

在校园内点缀文化代表人物的雕塑景观或者具有典型历史事件的微缩景观。如结合办学宗旨与专业特点，在师范学院设立孔子的雕像，在书法学院设立王羲之等书法大家的雕像，在法学院可以设置“商鞅变法”的微缩景观，交通专业可以设置“丝绸之路”“茶马古道”等微缩景观。这能让师生在接受具有优秀传统文化风格的环境熏陶下强化文化自信，为思想教育工作的开展提供良好的文化氛围。

(2) 构建校园文化特色品牌的自然景观环境。中国传统书院大多修建在依山傍水的地方，注重在风景秀丽的地方修身养性；现今学校同样注重校园景观建设，致力打造绿色校园，为学生提供静心学习的场所。如清华大学的清华园、充满传统文化特色的北京大学，以及全国闻名的武大樱花都是根据地方文化特色打造校园品牌景点，使校园建筑设施与自然景观形成天然和谐的状态，让学生能在“闹市”中亲近自然，在自然中感受生命的力量，建立优秀传统文化中“天人合一”的自然生态观，为引导学生树立生态思维，建设美丽中国提供情感基点。在中华文化中，花草树木、鸟兽虫鱼等自然事物都被赋予一定的情感或哲学理念，成为人化的符号，并随着历史的推移逐渐形成独特的审美体系。将这些融入学校自然景观设计中，为学校开展学生思想教育工作提供环境育人保障。

(3) 打造富含优秀传统文化底蕴的校园文化产品。比如书籍、校园明信片、校庆纪念品、文具、文化衫等，这些都体现着大学的精神文化，是校园物质文化的重要组成部分，具有人文性、教育性、实用性等特点。

丰富优秀传统文化类书籍、刊物，如经史子集、奇闻轶事等。除了在图书馆划分专门区域，还可以设立传统文化角，增加学校优秀传统文化的教育资源供给，以不同形式满足不同年级、不同专业的学生主体的发展需要。同时，还可以征集学生创作的、与优秀传统文化有关的文章、书法与绘画等作品，在校园刊物上编辑出版，既鼓励学生学习传统文化的积极性，又可以在贴近学生的现实生活的基础上来宣传优秀传统文化。

在代表校园文化特色的明信片、校庆纪念品、文化衫中融入优秀传统文化。具有代表性的纪念品以其独特的文化价值与收藏意义深受学生喜爱，能有效传递优秀传统文化的影响力。

在文具和日用品中融入优秀传统文化。将中华特色文化元素融入钢笔、书签、文具袋、保温杯等物品中，比如在钢笔的设计上可以增加梅兰竹菊四君子的图案；在书签上设计孝悌忠义的文字图案；在保温杯上增添优秀传统文化水墨画的风采。

总而言之，就是要让学生在校园生活中，不管是学习还是生活，都能时时处处感受到优秀传统文化的影响，陶冶自身的情操。

2. 营造蕴含优秀传统文化内涵的寝室文化氛围

学校寝室是学生学习、生活和人际沟通的重要场所，依托这个私密性较强的场所建立良好的寝室文化，是深入推动学生思想教育工作深入的必然选择，是实现全方位育人的有效途径。在马克思主义理论的指导下构建符合当代社会发展要求的寝室文化，必须扎根在中华优秀传统文化的沃土上，不断提升学生寝室文化的人文性与亲和力。在学生生活的环境中引导学生确立正确的价值取向，为学生锻炼人际沟通能力、培养良好行为习惯、健全心理素质营造积极向上的寝室文化氛围。

(1) 创建人性化的寝室物质文化。寝室物质文化环境是营造寝室文化氛围的基础，优美舒适的环境可以悦人性、静人心，对学生的健康成长有着十分重要的影响。

除现代化的寝室基础设施之外，寝室的整体环境可以根据学校地方传统文化特色，对寝室园区进行合理布局，形成校园传统特色寝室文化品牌。比如江浙一带的学校可以根据苏派建筑的风格来设计寝室，南方学校可以在皖派建筑上寻找修建传统文化特色寝室的灵感，让寝室物质文化体现出历史传承性与时代性，使学生在优美的寝室环境中感悟天人合一的生命气息。

寝室空白的楼道文化需要丰富。从寝室大厅的宣传栏入手，宣传党和国家最新的路线方针政策，让学生及时了解时事热点。在寝室楼道墙壁上进行主题性的文化宣传，比如介绍传统节日的由来，根据传统美德进行板块设计，用漫画、书画、诗句的形式，让学生受到社会主义先进文化与优秀传统文化的熏陶。

寝室的内部环境需要学生在不破坏寝室协调性和安全性的前提下，根据自己的艺术理念进行装饰布局。学生作为寝室生活的创造者、鉴赏者、享用者，可以自由设计属于自己的空间，这不仅能反映学生积极向上的精神面貌和个性特色的审美取向，还能使学生学会珍惜劳动成果，培养良好的卫生习惯。要营造蕴含优秀传统文化精神内涵的寝室文化氛围，让学生在学习、生活中做到自律、自省。

(2) 构建积极健康的寝室精神文化。他们思维活跃，对于新鲜事物与新兴文化形态（比如电竞文化、宅文化、表情包文化等非主流文化）的接受程度高。同时，由于思想心理发展的阶段性特征，学生在面对网络上繁杂的信息时，难以理性地分辨其价值，容易出现盲目地追逐潮流，被不良思想影响的情况。这就需要在建设寝室精神文化中倡导主流文化，用社会主义核心价值观引导学生树立正确的价值取向，同时将中华传统美德贯穿于寝室精神文化建设中，为建设寝室精神文化增加历史文化底蕴。比如，针对学生由于网络交际不当引发的诚信、道德缺失等问题，可以在思想教育过程中融入优秀传统文化中关于诚信的教育理论，发挥思想教育在新时代背景下的育人功能。

(3) 创设“互感性”寝室行为文化。学生之间的互感作用是营造良好寝室文化氛围的重要因素。学生在寝室集体生活中，思想观念和行为习惯会相互影响。要在思想教育中融入传统忠恕之道、诚信之德、刻苦勤奋等精神内涵，引导学生之间产生良性互感。寝室有成员言行得体、诚信、热情、有礼貌、做事踏实负责、学习刻苦勤奋，就会对其他成员产生良性影响，在日常相处中逐渐达成道德共识，并以此调整自身的行为规范。同时，在寝室中树立榜样模范，让宿舍成员感受榜样的道德风范，在学习行为、生活行为、交流行为、网络行为等方面能够互相学习、互相进步。寝室成员在相互学习的同时可以开展批评与自我批评，开诚布公地指出自己和对方身上的不足，以及时改正；用“厚德载物”的精神来包容同学之间的不足，用“中道处世”的心态面对与他人的不同，在人际交往中做到“立己达人”。这在避免寝室矛盾的产生、升级的同时，还能增强和谐的寝室情感氛围，有助于学生缓解心理问题、放松情绪，保持积极健康的心理状态。这样的寝室文化氛围不仅很好地体现了优秀传统文化的道德追求，还能积淀学生内心的传统道德观念。

(4) 打造具有人文性的寝室活动文化。寝室文化活动可以根据学生多样化的需求来开展，举办不同主题的特色活动来提高学生的参与度。寝室人员少，相对人数较多的班集体来说比较好组织活动，可以开展寝室周末出游活动，比如参观博物馆、爬山等，让学生在感受祖国大好河山的同时锻炼自身的坚强意志。还可以开展以寝室国风书画展、装饰、摄影、环保、周末音乐会等为主题的寝室文化活动，让不同专业、不同年级的学生都能够积极参与进来，在交流互动中共同发展。使兴趣爱好相同的学生能够组织在一起，在活动中培养其集体主义精神以及互助协作、团结拼搏的意识，锻炼学生的人际交往能力。在充满知识性、趣味性、人文性的寝室文化活动中营造蕴含优秀传统文化精神内涵的寝室文化氛围，推动学生实现自由而全面的发展，发挥好寝室文化这个重要载体在学生思想教育中的作用。

第二节　社会主义先进文化与思想教育的发展

“对于服务新时代，助力社会主义文化强国建设，维护国家文化安全，凝聚中华民族凝聚力，主动承担新时代思想政治教育使命，培育时代新人具有重要的理论意义和现实意义。”

一、社会主义先进文化与思想教育的关系

揭示社会主义先进文化与思想教育的关系，是探索社会主义先进文化与思想教育的真谛所在，是思想教育保持先进文化发展方向的客观要求，也是社会主义先进文化对思想教育导向作用的表现。思想教育是社会主义先进文化思想传播的重要场所，二者相互影响、相互融合、辩证统一地为中国特色社会主义事业提供合格的建设者和接班人。

(一) 思想教育对社会主义先进文化建设有导向作用

社会主义先进文化是人类文明的摇篮，渗透于社会生活的每个地方，也深刻地影响着人们的思想、精神和灵魂，文化与思想教育高度契合，为文化的引导和教育的发展带来了新挑战。研究思想教育对社会主义先进文化的导向作用对思想教育价值理论有着深远的意义。

近年来，思想教育这一新兴且经验尚不完备的学科，在整个学界对其概念探讨众说纷纭，许多学者从新的文化研究视角对其进行了深刻的探究。社会主义先进文化是科学的，它与一切封建的、陈腐的文化思想相悖，其主张先进的精神思想，充分客观地反映了人类文明的思想，在文化培育中有着不可替代的作用。但是，我们经历了漫长的封建社会，陈腐的封建迷信思想还广泛地影响着现代社会。所以，思想教育必须注重吸收主流的、科学的、先进的文化，引导人们建立正确的思想和科学的精神世界，这是新时期新形势下对思想教育提出的新要求，也是建设社会主义先进文化的必然要求。

当代中国，社会主义先进文化是以马列主义以及中国特色社会主义理论体系为指导的文化思想。它是大众的文化，是代表广大人民根本利益、未来发展方向的进步文化，也是当代的主流文化。

思想教育通过提高全民族的思想道德文化素质，为我国经济发展和社会进步提供强大的精神动力和智力支持，有序地构建符合社会文化需求的社会主义社会。这集中地体现了思想教育对社会主义先进文化的导向作用。

首先，思想教育不仅影响人们的思想、政治观念，同时对道德行为规范也有一定的作用。在当代社会，思想教育在道德培育上必须与能够武装人们头脑的社会主义先进文化理论相互协调、相互发展。只有在先进的、科学的、能够代表广大人民群众利益的社会文化大背景下，教育工作才能不断地提高全民族、全社会的思想文化素质，才能突显社会主义社会精神支柱的重要地位，才能更好地为我国各族人民提供占支配地位的主流意识形态。

其次，在全体社会成员追求价值取向时，都要把先进文化融入自身发展过程中。例如，做意识形态工作的思想教育也只有使大众树立正确的价值取向和行为规范，工作才算初见成效。但是，怎么树立正确的价值取向和行为准则就成为思想教育的一个首要问题。根据上述论述得知，只有把一定主流的、科学的文化作为载体融入教育中，使社会主义先进文化融于思想教育中，思想教育才能在培育过程中发挥应有的作用。

最后，思想教育的文化性是思想教育本质的属性，两者紧密相连，存在高度的相关性。社会主义先进文化的存在与发展离不开思想教育；同样，社会主义先进文化也必然要通过思想教育的导向作用来指导自身的工作；没有正确的思想教育的引导，社会主义先进文化将成为无源之水。

总而言之，社会主义先进文化的建设需要思想教育的引导和弘扬，能够凝聚人心的正确地指导思想和反映共同民族精神的思想教育工作；需要先进的文化思想融入整个社会主义建设中，满足人民精神生活的需求，它的发展关系着我们党和国家未来的发展。

（二）思想教育是社会主义先进文化建设的保证

思想教育是党的一切工作的生命线，发展社会主义先进文化是党的工作之一，思想教育肩负着不可推卸的责任。因为只有通过思想教育作为载体的价值实现才能巩固社会主义先进文化的地位，只有思想教育大力传播社会主义先进文化，才能促进社会主义主流意识形态确立，从而推动中国特色社会主义理论向大众化发展，确保思想教育在社会主义先进文化建设中发挥关键作用。

首先，社会主义先进文化作为思想教育培养人的思想道德素质的载体，是思想教育在实践活动中得以发挥其作用的前提和基础。社会主义先进文化要得到进一步发展，必须有思想教育来保证。通过思想教育运用社会主义先进文化这一理论源泉来武装头脑，针对不同层次、不同文化素质的人，进一步加强知识文化的发展，为人的全面而充分的发展提供切实的思想保证，这也是当代社会主义先进文化建设的根本保证。

其次，任何一种文化形式的最终目的都在于为本民族、本国家人民群众服务。在传递文化形式上，要坚持贴近人民群众的实际生活，保持文化的先进性，促进文化的创新。要努力提高全民族的思想道德素质和科学文化素质，实现人们思想和精神生活的全面发展。要加强有说服力的思想工作的建设。这里所说的加强有说服力的思想工作就是要找到能够充分有效地为人民群众所接受的方式和方法。思想教育作为思想道德教育的一种形式，符合具有说服力且易被人民乐于接受的方式和方法，是对培养人主体进行主观的激发和引导的方式和方法，在尊重主体性的基础上，让主体主动参与到文化的构建中来，从而指导社会实践。因此，思想教育在先进文化建设中担负着重要的角色，也为社会主义先进文化发展提供了重要的教育理论资源。

最后，思想教育作为先进文化传递信息的一个纽带，在社会主义建设中有着无穷的力量。在文化建设中不仅重视理论方式、方法，也注重文化的繁荣与发展，为作为永恒主题的文化繁荣提供有力的保障。然而，思想教育的文化性在培育、制约、维护等方面也突显出它对文化的有力保障。意识形态性的精神思想理念是制度的基础，二者相互监督、相互促进。在传递文化品质过程中，思想教育是社会主义先进文化的有力推手；在文化可持续发展进程中，思想教育又是文化领域改革和监督的使者。在思想教育不懈地努力下，整个社会公民形成良好的思想道德文化品质。

（三）社会主义先进文化是思想教育的内容

思想教育其实质是发展人的意识形态的工作，而文化与意识形态虽然没有重叠，但在任何时候，文化一直是意识形态的核心内容，它包含于思想教育中且服务于它。社会主义先进文化的建设主要包括思想道德建设和发展教育科学。它是构建社会主义核心价值体系的核心环节，是思想教育的重要组成部分，解决的是整个中华民族的思想潮流和思想动力问题。

首先，思想教育目标是社会主义先进文化发展的主要内容之一。我们党始终重视对群众的思想教育工作，始终本着培养符合社会思想文化品质的人的目标。长期以来形成了一种基本的工作素质，不仅要代表人民的根本利益，还要创建符合社会精神文明的重要思想，这也正是社会主义先进文化发展的目标与归宿。因此，思想教育体系对于建立更为完善的社会主义先进文化起到了积极的作用。必须强化教育引导，增强社会共识，把社会主义核心价值体系融入国民教育、精神文明建设和党的建设全过程，贯穿改革开放和社会主义现代化建设各领域，在全党形成统一的指导思想、共同理想信念、强大精神力量、基本道德规范。这充分地表明思想教育的本质。思想教育的这一性质规定了我国思想教育的根本目的是提高人们的思想道德素质，促进人的全面发展，激励人们为建设中国特色的社会主义，最终实现共产主义而奋斗。只有制定正确的思想目标，不断地提高人民群众的文化素质，在文化潜移默化的过程中，树立科学的教育方式来引导中国特色社会主义的实践，才能为我国文化的繁荣做出应有的贡献。

其次，思想教育的内容是社会主义先进文化发展的重要组成部分。思想教育涵盖于社会主义先进文化建设的主要内容之中，为社会主义先进文化内容建设提供高尚的道德素质。社会主义核心价值体系是社会主义意识形态的本质体现，要强化对人民的教育，建立良好的社会风尚。这就要求以马克思主义理论与中国特色社会主义理论为基础内容，针对培养者主体性文化素质的不同，进行思想政治道德品质的培养和科学文化知识的普及。因此，在教育活动中，应开展时代精神教育，并逐步引导人们形成与当代社会主义文化相适应的思想道德素质。

最后，无论从思想教育道德建设上还是政治观念上都对社会主义先进文化建设内容绽放出正能量。教育被看作人类实践活动的基本形式之一，亦是社会主义先进文化传播的最主要途径。在当代中国，发展先进文化，就是要发展有中国特色社会主义的文化，就是建设社会主义精神文明。长久以来所形成的思想教育体系是人和社会发展的客观需要，也是社会主义精神文明建设和社会主义先进文化建设的主要内容，对整个社会精神文明建设有着巨大的影响，并为当代社会主义先进文化建设提供了强大的正能量。全面提升公民道德素质是社会主义道德建设的基本任务。要关注人文教育，培育和造就能够满足社会主义先进文化发展的人。

(四) 社会主义先进文化为思想教育内容的创新提供空间

思想教育学科自建立起，便与社会主义先进文化的指导方针紧密相连。随着与时俱进的社会主义先进文化发展，对思想教育提出了新的发展要求，必须有和谐的、稳定的、科学的思想文化与之呼应。由此可见，思想教育内容的创新要根据一定社会文化要求和受教育者的思想实际情况来制定，通过教育者有目的、有步骤、有选择的信息传递过程来实现。显然，其内容创新是受“一定的社会文化要求”和“受教育者思想实际情况”两方面因素制约。新时期新阶段，思想教育要与时俱进，坚定不移地创新，真正地肩负起自身的职责与使命，在教育中不断地自我完善，为党和国家各项事业发展提供正确的思想导航。

“一定的社会文化发展要求”对思想教育的内容改革和创新提供空间。社会主义先进文化的创新是思想教育前进的不竭动力。思想教育的发展，必将把该社会的文化含量推向更高的水平。两者间天然的暗通，把科学地不断发展着的社会主义先进文化融会到思想教育中，为思想教育添增系统的、正规的、符合社会主义和谐社会发展的力量。思想教育的丰富和发展与社会主义先进文化发展要求相一致，是通过指导人们的政治思想、道德品质而形成的。各历史时期，社会文化对思想教育有着新的发展要求。因此，根据不同时期的需要进行适当的调整，以满足社会主义先进文化的需要。

“受教育者思想实际情况”是制定思想教育内容的立足点。人的思想活动不是无源自发产生的，它总是在一定的社会条件下被引导形成的。人的思想是把外部客观文化映像反映在人脑中，当外部客观文化发生变化时，受教育者的思想也会发生改变。

也就是说，人的思想活动很明显要受到一定客观的政治、经济、文化活动支配与调控。如一定的文化环境为思想教育的发展营造了一定的条件，提供了主要的承载体。一般来说，思想教育是通过一定的社会文化对人思想活动影响的分析，找到其中变化的规律，从而进行有计划的教育，使他们形成符合社会要求的思想品质。支配人们行为活动的动机，并不是头脑所固有的，而是外部世界对人的影响表现在人脑中，反映在人的头脑中，成为感觉、思想、动机、意志。

换句话说，就是所有人的行为都受到思想的支配，而支配行为的思想作为一种社会现象，同其他任何事物一样，是在客观外部条件的社会主义先进文化和主观内部因素思想教育的相互作用、相互斗争中形成和发展起来的，并且这种斗争是针对要满足一定的革新的文化。

同时，受教育者的精神文化生活的变化影响着人们道德认知和行为规范。因为人的思想实际直接来源于思想教育，但在很大程度上也受到一定社会文化的影响和熏陶，思想教育的内容必须符合一定的社会文化大背景，并通过受教者自身的内化，转化为合理的文化素质，从而在社会实践中达到更高的思想境界，拓宽思想教育的文化视野，为思想教育内容的创新提供充裕的空间。

二、社会主义先进文化建设中思想教育的价值体现

思想教育的开展，和谐文化的发展关系着我们党和国家的长足发展，不仅要为广大人民谋利益，也要为社会主义强国提供强有力的思想基础。由于社会主义先进文化与思想教育有着紧密的联系，所以思想教育在社会主义先进文化发展进程中体现一定的价值。加强思想教育在文化建设中的创造力是社会主义先进文化建设的关键，也是增强民族凝聚力和聚合力的基本文化资源。社会主义先进文化以思想教育为传播载体，通过文化选择与整合、继承与创新来调控它在社会主义先进文化建设中赋予中国特色社会主义社会文化繁荣的价值。

此外，文化发展的历史源远流长，各种文化以各自不同的形态在各个历史舞台上发挥着不同的光芒，呈现在丰富多彩的世界之林中，尤其是中华民族悠久的历史、广泛而深厚的文化底蕴，为我国的文化丰富与发展提供了广阔的精神力量，这也是我们国家能够屹立于世界文化之林的重要原因之一。

目前，我国正处于社会主义初级阶段，封建文化和宗教文化元素泛起，西方文化大量涌入，消费、休闲、娱乐等大众文化方兴未艾，都在冲击着我国文化的发展。综上所述，思想教育要通过对文化选择、继承与弘扬和改革创新而主导文化的前进方向、延续文化发展和保持文化的生命力。因此，我们应重视思想教育在实现文化大发展大繁荣中的价值，不断地完善教育体系，以便更好地发挥其推手的作用。

(一) 引领社会主义先进文化的前进方向

思想教育是一种特殊的教育活动。随着当代文化的不断涌入，不可能把人类所有历史时期的文化都纳入其传播的范畴，也不是照搬现阶段社会的文化形式，而是需要有选择地进行提取与吸收、借鉴与扬弃，并按照一定的规范和原则来实施，这样方能保证它的正确性和合理性。思想教育作为社会主义先进文化建设的根本指导方法，在文化选择上主要是通过批判与吸收的方式完成的。它是特定的阶级、政党和国家按照一定社会、政治的需求及思想教育本身特性进行的撷取与吸收或排斥与舍弃。这就要求选择的内容必须符合主流价值观，符合个体精神层面发展的需要。要把零散的、孤立的价值

形式整合为一种凝聚先进文化形式的理想的价值力量，使充满健康自觉的人文精神贯穿于人们的社会活动中，来确保社会主义先进文化建设的前进方向。

1. 树立正确的文化价值观

所谓文化选择，狭义的意思是指文化环境发生改变时，关于文化改造与发展的态度、取向及行为的设计。简单地说，文化选择即对某段时期或某部分的文化进行甄别和撷取。思想教育对文化的选择是按照自身的性质和社会需求而进行的。针对这两方面的价值需求，把正确而合理的选择应用到培育中，内化为被培育者自身的一种思想文化品德，最终促进社会主义先进文化的发展；反之，轻率的、无任何目的性的任意的文化选择，其结果将适得其反，阻碍被培养人思想文化的形成，最终阻碍社会主义先进文化的进步。

针对多元文化的大量涌入，被培养者由于自身的局限性，无法鉴别多元文化中的积极因素和消极因素；一旦选择不当，就会影响被培养者的全面发展且阻碍社会的前进方向。通过思想教育树立正确的文化观就显得尤为重要，只有通过思想教育对被培养者进行科学、合理的文化引导、灌输，被培养者才能内化形成一种良好的思想道德文化品质，从而为社会主义先进文化建设提供一己之力。

然而，文化选择会一直陪伴着自身的成长，亦置身于市场经济和文化的多样性之中。一些学生由于缺乏文化选择标准和应有的识别能力，导致在文化选择上出现了价值取向偏离正常的理性轨迹，去追求一些媚俗、过于时尚的思维和行为，日渐远离理性和传统。

其实，无论是媚俗还是过于时尚，都有一定“度”来衡量；文化不仅有优劣之分，而且有高下之别。教师应帮助学生树立正确的文化选择观，加强文化甄别观教育，提高学生的识别能力，提高他们的文化品位和自我选择文化的意识，从众多文化中汲取合理、有价值的内容。在这种文化背景下，思想教育不但要对培养人进行合理的科学的思想道德文化引导，同时也要在思想文化领域发挥其服务社会的巨大作用。

在众多文化交织中应始终坚持以马克思主义理论思想为主导，合理地吸收与借鉴外域文化，树立正确的文化价值取向，提高文化选择的自主性，自主地选择和借鉴。不断地提高全民族的思想道德文化品质，为达到此目的，汲取有利于自身发展和健全自身体魄的文化内容，最终树立符合我国社会主义先进文化建设的发展观。

2. 加强文化价值的选择与整合

包含大量丰富思想内涵的中华文化源远流长，其本身崇德型的文化，是新时期我们解决教育在错综复杂的文化问题上的有效方法。盲目错误地吸收与整合是不可能被适用的。只有对文化进行合理的选择，方能把具有中国特色的传统文化和西方文化的价值通过科学地整合纳入思想教育文化领域。然而，所谓思想教育的文化整合，是在一定历史时期，特定组织通过某种方式和手段，在容纳多种文化因子的基础上确立共同的思想信仰和价值观念，使一定群体成员在保持各自立场、看法的前提下，树立群体成员对组织的基本思想与价值认同，以增强社会的凝聚力和有序性的过程。

简而言之，就是针对不同形式展现文化的整体的意义，有目的地进行过滤和选择，最终集成一体化的过程，这有利于思想教育目的的实现和文化价值的展现。思想教育要积极主动地对各文化形式进行分析、借鉴、甄别和利用，同时要以弘扬中国传统文化为精髓，有选择地吸收和甄别西方文化中有益的文化形态，指导中华文化的大发展。

作为包含伦理文化精髓的中华文化需要被大力地弘扬，对于西方腐朽的文化因素应予以抵御。这里所指的抵御不是抵御一切的西方文化，而是要通过思想教育选择的基本准则合理地吸收和整合各种亚文化中主流的文化内容，兼容并蓄，补充益于社会发展的先进文化，带动思想教育自身文化发展。因此，思想教育应充分地发挥其选择与整合作用，把科学的能够引领社会主流文化形式的先进文化融入各种非主流、西方的文化发展中。如在大学校园里，每一个校训都是依据中华传统文化的价值取向、人生坐标来制定的。它符合本民族优秀的传统道德体系，坚持用先进的文化形式武装学生。在学习中开展思想教育理论课程，增强学生的道德素养，通过教育的形式，使学生自觉地自我反省、自我总结、自我鼓舞，不断地提高自我约束的能力，从而通过学习把这些优良的思想文化内化为自己的思想文化素质，最后指导今后的社会实践。

(二) 促进社会主义先进文化的延续与发展

中华文化的繁荣是确保中华民族伟大复兴的前提，也是加强先进文化建设、提高国家文化软实力、全面建设文化强国的前进动力。思想教育是继承和弘扬文化的中枢纽带，对促进社会主义先进文化有着不可替代的价值。

思想教育对文化的继承与弘扬，主要表现在对教育内容的继承上，它使社会成员接受政治社会化和思想文化道德社会化的趋势，进而通过自我吸收和内化，将文化精髓融入个体精神世界。社会主义先进文化不是与生俱来的一种文化形式，它是经过岁月的洗礼、社会制度的更迭，最终对优秀的、丰厚的文化的继承；也是在一个民族、一个国家的优秀文化不断延续发展中发展起来的。任何一种文化形式都是一定的历史时期发展状况的真实写照，每一种文化形式体现了每一段历史时期的文明成果。

在创建社会主义先进文化建设时期，要不断地弘扬优秀的传统文化，培育科学的文化观念，提高人民的道德素养和科学文化素质，培养高素养的社会主义文化接班人，是当代社会主义先进文化发展的必然要求。另一方面，思想教育作为文化继承与弘扬的一个重要传播方式，对于促进社会主义文化的延续与发展、扩大社会主义文化的影响力发挥着巨大的作用。

思想教育的内容属于文化的范畴，文化需要教育来传递，逐渐使社会各成员吸收和接受这些信息，最终指导自身的社会实践生活。在不同的占有形式上，在社会生存条件上，耸立着由各种不同的、表现独特的情感、幻想、思想方式和人生观构成的整个上层建筑。整个阶级在一定的物质条件和相应的社会关系的基础上创造和构成这一切。

通过传统和教育承受了这些情感和观点的个人，会以为这些情感和观点就是他的行为的真实动机和出发点。通过教育来承接个体的文化，再将这种先进的文化融入社会各个角落，作用于人的大脑中，使人们形成符合社会发展的思想观念、政治观点、道德规范，从而更好地服务社会。

1. 传统文化思想教育提供重要的理论资源价值

中国传统文化是中华民族历史发展的巨作，有着悠久的历史，所涵盖的思想、道德准则、价值取向都是思想教育值得继承的精髓；并以此为主阵地，弘扬民族精神，培育良好的道德素养，塑造具有人文情怀的现代化人格，使传统文化融入思想教育中，真正做到文化的“古为今用”，以便更好地服务于现代教育体系，为社会主义先进文化建设提供重要的理论资源。

中国传统文化从根本上看，是一种崇德型的文化，使传统文化洋溢着浓郁的人文气息，为思想教育开展积累了丰富的资源。这些重要思想资源从某种意义上讲，都是历史的积淀，囊括了许多大家的重要思想，为我们今后传播先进的文化提供了宝贵的理论源泉。当代“以人为本”的核心思想早在春秋时期，就被孔子作为德教伦理文化思想而提出，这无疑说明了我国传统文化的神韵，以及当代对传统文化精髓的借鉴。现阶段的思想教育要不断地开辟蹊径，在继承和弘扬传统文化价值精髓的同时，真正做到为我所用，服务于现实社会主义现代化建设。

2. 始终坚持社会主义先进文化的发展方向

当代，孔子的儒家思想广泛地被后人继承与弘扬，其中一些较为典型的范例也为今天的思想建设工作所沿用。中国共产党在各个历史时期都在运用孔子文化育人的方式来培育年轻一代。我党高度重视学校的思想教育，并始终把思想教育放在培育的首位。解放初期，我国的第一代领导人毛泽东把马列主义作为我党工作学习的基本思想，并结合我国当时的基本情况，形成了毛泽东思想指导着我们社会发展。现阶段，在经济全球化和冗杂的文化背景下，对教育工作提出了新的要求，对社会主义先进文化的发展提出了新的挑战。始终坚持以马克思主义理论为指导，坚持社会主义先进文化的前进方向，继承和弘扬传统文化，加强现代文化的甄别，与之形成一定标准和准则的文化思想，作为鉴别外来文化和其他一切文化形式的最好武器。

面对多元文化的冲击，思想教育工作者要始终坚持社会主义先进文化的伟大旗帜，坚定不移地保持先进文化的发展方向，把社会主义先进文化理论贯彻到社会主义建设中，提升人们的精神世界，充分地发挥人民群众在整个社会生活中的积极作用。要把现代的多元文化融会到传统思想文化之中，相互兼容，取其精华，去其糟粕，真正地把优秀的、先进的文化纳入社会主义社会建设中来，为今后思想建设工作的顺利开展提供重要的文化动力。

（三）通过文化创新保持社会主义先进文化的生命力

创新作为一个国家永葆生命力的重要因素，是人类在社会实践中自觉形成的一种认识和实践能力，是社会进步不可或缺的动力。创新是民族进步的灵魂，是国家兴旺发达的不竭动力。创新已成为一个民族走在世界前列的重要因素，是社会文化发展的重要源泉。随着全球经济一体化浪潮的到来和信息网络技术的快速发展，思想的潮流也出现复杂多样的态势，赋予了思想教育在文化传播中的创新动力。这里所指的文化创新性，一方面是指思想教育本身作为文化形态是文化创新的主要通道，具有重要的地位。它通过对创新型人才的培养，保持先进文化强有力的生命力。另一方面，思想教育通过对自身的传播方式的创新，使培养者产生新的思想观念，从而发展本民族优秀的文化。文化的发展虽是以承扬为主线，但只有继承，没有弘扬与创新，既不符合文化发展规律，也无法推动任何社会不断进步。思想教育对文化的继承与弘扬亦是如此，并非线性单项的传播，而是相互作用，在不断的改革和创新中获得生命活力，为社会主义先进文化建设提供持久生命力。

1. 加强思想教育的文化创造力

主导性思想教育强调坚持以马克思主义为指导引领文化领域，用先进的文化引导人们的思想，是保持社会主义文化先进性的客观条件，对思想教育文化创新和探索有着重要的指导意义。

作为被培养对象的个体，具有主观认识性和实践性，对思想教育所传递的内容并非全盘接受，而是对自己较为熟悉和符合自身兴趣爱好的内容较易接受。对于陌生的教育内容，通过自身知识的积累，有选择地进行汲取和舍弃。这就对人们已有的思想文化观念和行为规范有了新的存储。在被培养对象参与不同的社会实践中，他们不断地丰富自身的社会文化体系，对以往的文化结构进行适当的调整。而思想教育作为保证文化先进性的天然屏障，以一种特殊的教育形式，不断地调整着文化的内容和结构，不断超越自身，最终形成适合自身成长的先进文化体系。换句话说，思想教育具有创造先进文化的价值。

（1）这是由思想教育作为社会主义先进文化的传播载体的特点决定的。思想教育通过自身特殊的传播形式传播党的核心思想、社会的价值趋向，进而影响被培育者的知识内容和思维结构。在整个传播过程中，教育者根据自己的经验、以往的主观意识重组文化的内容，生成诸多新的文化内容。从被培育者的视角看，当被培养者接受某些文化信息的时候，也会依据自身的经验和以往的主观意识对这种信息有自己独特的认识，从而做出自己的评价。由于人们的社会经验、文化观念和价值取向不同，在对同一种文化信息的理解上会存在一定的差异。所以，思想教育在文化的继承与弘扬上，不断对原有文化形态进行改造和创新。

(2) 人类的文化需求决定了思想教育的重要性。人类作为文化的载体，对文化的继承有着重要的作用；同时，人类的发展也带动着新的文化的发展，新的文化需要人类的不断创新。思想教育在传播文化的过程中，不断地影响被培育者，使他们形成符合自身发展的文化体系。这不得不说思想教育在文化的传播与文化创造中所培育出来的高素质的继承者，是社会主义先进文化创新的不竭动力。

(3) 多元文化间的相互碰撞和交融对思想教育提出了新的要求。在当代，面对多元文化泛起，各文化间频繁地碰撞对思想教育提出了新的要求。例如，针对众多培育者的不同的价值取向，在多元文化的碰撞中，无形地对各种文化体系产生不同的需求，在自身形成弹性的文化适应形式，有利于不同文化的互动与借鉴。文化碰撞的过程就是其自身否定之否定的过程，也是不断创造先进文化的过程。当然，思想教育与文化创造是相互的过程，文化通过思想教育来传递，同时思想教育也为文化创新提供价值导向。只有不断地探究思想教育的文化价值，方能实现先进文化建设的重要使命；只有强化先进文化建设，才能为思想教育提供更加强大的文化源泉，才能不断向前推进先进文化的建设。

2. 推进思想教育文化模式创新

构建社会主义先进文化的发展需要文化模式的不断更新和自身自觉的创新。思想教育文化模式的创新是一个巨大的工程，需要强大的文化精神作为发展的动力。把思想教育融入新的文化传播模式中，充分地整合其他学科的教育资源，为发挥思想教育文化模式创新提供了有效途径，从而推进社会主义和谐社会的繁荣发展。

(1) 要把思想教育寓于其他学科建设中。原有的单项教授，其内容较为枯燥，没有建设性的活动寓于其中，并受限于教育资源，所以应把思想教育寓于其他学科之中。在传授其他学科的过程中，把一些爱国主义教育等优秀的中华传统美德文化教育寓于思想教育之中，激发学生的爱国主义情怀。或在历史课的学习过程中，把中国优秀文化精髓融入授课中，让学生对历史、对文化有着深刻而全面的了解。这种模式主要依靠历史文化来实现，调动学生的爱国主义情怀，对其进行适当的引导，激发学生学习的积极性，以及对国家的责任感和使命感的积极性。

（2）在思想教育文化传播中，要积极倡导学术模式。在思想教育学科建立的20多年里，其理论得到了不断地丰富和完善，且成功地开展了主导性教育的实践，为思想教育的理论化和科学化奠定了坚实的政治基础、思想文化基础和实践基础。在社会主义现代化建设中，思想教育应当扮演好角色，积极地推进校园文化的创新、虚拟文化的创新等，使其更好地以文化的方式促进人的全面发展和先进文化的持久发展。倡导学术模式就是运用科学的模式进行教育，让学生自己去感受、去发现教师和社会所没有关注到的视域，并通过讨论与分析，加之教师的正确引导，让他们了解社会、历史的真相。用积极的、先进的文化观引导学生研究中华民族现实的发展状况，使学生对整个社会、历史的发展有进一步的了解，使学生逐步地对民族伟大事业发展产生强烈的使命感和责任感，从而指导今后的社会实践。

（3）积极地构建虚拟模式。在当今遭多元文化冲击的社会中，网络文化也是其中重要的一员，是现代化社会不可回避的重要的文化一员。网络文化所传递的是虚拟的信息，但是传递教育后的效果却是真实存在的。网络作为一种虚拟的文化传播载体，对社会的影响是不可忽视的。特别是作为网络文化的承接者的青少年，在虚拟的网络中获得教育的趋势日益凸显。妥善地利用好网络这一资源，有利于为受众提供更加广泛的信息渠道，普及全民的知识文化水平，拓展他们的文化视野。正确地把思想教育融入网络这一平台，是思想教育文化拓展的创新之处，也为思想教育传播另辟新径。同样，合理地、科学地利用网络，有利于建立国人学习和瞻仰的平台，这也是思想教育者传递思想道德文化教育的平台，为推动和平发展的国民生活提供娱教的平台，更加有利于把各民族文化推向崭新的高度。

三、社会主义先进文化建设中思想教育的价值实现

思想教育的本质具有社会性和阶级性双重属性。它不仅对于全社会具有普遍适用的意义，在面向一切社会和社会中的人的发展和谐，维系社会共

同体的发展和存在方面也发挥着作用，对于培养坚持社会主义的建设者和接班人的阶级意识形态起到了决定性作用。因此，从思想教育核心价值体系的建立到观念的传播和文化的形成是一个完整的教育系统。当代中国先进文化的发展，包含中国特色社会主义核心价值体系中马克思主义的指导思想、中国特色社会主义的共同理想、民族精神，爱国主义和改革创新为核心的时代精神及社会主义荣辱观；也包括了全社会的精神文明建设内容。从这一方面来看，思想教育作为一个完整的教育系统，是社会主义先进文化建设最有力的工具，也是最适用的手段。

通过结合思想教育自身管理与传播载体的特征，对于思想教育在社会主义先进文化建设中的价值实现，也提出了四条途径：第一，思想教育与政治体制相结合奠定社会主义先进文化的基础；第二，思想教育与经济工作相结合深化社会主义先进文化的内涵；第三，思想教育与社会管理相结合拓宽社会主义先进文化的传播；第四，思想教育与科学技术相结合推进社会主义先进文化的创新。

（一）奠定社会主义先进文化的基础

思想教育这一概念本身包含着文化与政治的双重属性与责任。在一定意义上，思想教育是我国政治体制与社会主义先进文化的连接点和纽带。从与政治的关系上来看，它包括对执政党的思想工作影响、完善党员干部的党风、廉政思想、道德教育思想。从社会主义先进文化与思想教育的关系上来看，它又源自并继承马克思主义先进文化的精髓，并有责任在此精髓的时代性与大众性背景下传播与发展。因此，以思想教育为主要手段，形成良好的党政思想风气，在我国政治中塑造正确的官员道德标杆，是我国社会主义先进文化建设最根本的基石。

思想教育是党政之风、政治建设的思想源泉和主要方式。同时，党和政治体制又是思想教育的组织依托和领导核心，二者密切联系，不可分割。因此，建立一套完善的思想教育体系与党政建设的协同机制有利于我党政治稳定、思想理论的创新与社会文化建设的大发展。

第一，思想教育与党政关系建设的奋斗宗旨是一致的。我党要全心全意为人民服务，领导全国人民建设有中国特色的社会主义和马克思主义政党。从邓小平开始，就强调我国要建立全面的小康社会。思想教育的根本目标是培养人的全面发展，为社会主义社会服务，为党和国家的发展战略服务；最重要的是培养具有良好的马克思主义思想作风、为人民服务的优秀队伍。从根本的目标上说，两者目标是协同一致的。

第二，思想教育与党政建设的队伍是协同的。党政队伍是以党组织为主体的全体党员队伍，思想教育队伍是包括党政人员、工人、群众、团委在内的一切党组织和党员积极分子在内的人员。党虽然是领导核心，但是我国民主集中制、政治协商等政治形式要求党政建设需要发扬民主的力量，与思想教育的队伍主体是一致的。

第三，思想教育与党政建设的方法是一致的。思想教育主要通过教育与灌输最终形成文化氛围对政治思想起到影响作用，主要以马克思主义思想的意识形态作为其传递的主流思想，非意识形态作为疏导。党政建设在思想方法上也依赖于培养党内外对马克思主义的科学继承和发扬，以促进组织内部的思想建设。在具体方法上，也与思想教育有一致性，相同的思想传播方式也有利于沟通思想教育与党政建设工作，并在此过程中占领思想的阵地。这就要求在党内各个部门也要开展思想工作，促使思想领域的大提升，以便更好地服务于人民。

针对党员干部的思想政治工作，可以通过以下三个方面进行：一是建立健全针对基层干部的刚性教育制度，传播马克思主义伦理道德和思想；二是通过“官德”教育和促进中高层干部自身涵养的方式，提升思想文化素质；三是完善整体干部的文化监督机制。

针对基层干部容易脱离政治主体、核心价值体系以及容易产生政治思维偏离的问题，在和谐的氛围中建立健全思想教育在社会主义先进文化建设中的价值是必要的。除了制度和法律约束，也要从道德层面制定规范性文件，把思想教育与道德规范相结合，以刚性的方式制约基层领导干部的思想偏离。

针对中高层干部的思想道德建设，从传统文化中的“官德”思维的精华出发，提高其自身的思想文化道德素质。提高官员对于自身的要求、对下属的约束力，以及对上级精神指示的理解和执行力度，只有传播者通过自身的内化，才能更好地传递给他人，才能促进社会主义社会整体人文素质的提升。

针对整体官员的监督，思想教育又通过结合上级巡查制度、上级考核制度、下级的思想报告提交制度以及全面性的干部问责审核制度来进行，形成了针对我国直线型政治体制中干部的整体监督体系；以思想为根本，以教育为手段，在制度上、法律上对官员进行全面监督与制约，促进其在各个工作领域不断地完善自身的思想道德文化修养，感染身边的群众，积极在群众中倡导具有中国特色社会主义先进文化的理论思想，从而带动社会进步。

总的来说，思想教育深入党政建设与干部管理的各个方面，以教育、灌输、传播、制造氛围和以道德立法等各种形式促进了我国政治体制的完善与巩固，也为社会主义先进文化建设提供了重要的思想保证。同时，对于社会主义先进文化建设、精神文明建设和在以政治为核心的文化形成过程中，起到了夯实基础的决定性作用。

（二）深化社会主义先进文化的内涵

社会文化是一个国家政治、经济的反映。在当代发展中的中国，具有中国特色的社会主义先进文化也是当前一定政治、经济的具体体现。回顾思想教育的发展，在传统的思想教育中关于马克思主义政治经济学的概念是以公有制为主要的经济体制、以计划经济的运行方式来实现的。我国自实行社会主义市场经济，创建以公有制为主体、多种经济形式并存的经济体制以来，在文化范畴内新兴的社会主义市场经济与经典的马克思主义经济学一直存在着或多或少的矛盾。在经济体制问题上和具体的经济业务工作中，都不可避免地对实际运行中的经济活动产生负面的影响，同时影响着文化的发展。思想教育作为价值实现的有效途径，有责任和义务在理论基础和社会文化上对经济运行方式做出明确的解释，并对目前的经济形势在理论体系中做正当的分析和阐述，从而深化文化的内涵，促进经济的全面发展。

思想教育深入经济活动来深化文化内涵的改革主要是通过以下三个途径来实现的：

第一，思想教育要为经济的发展提供价值导向。从改革开放到现在的历史经验中可以看出，社会经济的发展围绕在人们思想理论和社会文化的解放之中，任何一个国家的经济发展都离不开一定的思想体系的统治作用。因此，建设有中国特色的社会主义经济理论，解放思想、实事求是是思想教育的核心工作之一。推进社会主义先进文化的建设，必须坚持并巩固马克思主义理论在意识形态领域的指导地位。这要求思想教育必须站在面向新世纪和参与全球经济竞争的高度来认识。如何抓住机遇，加快发展，是一个民族和国家赢得主动权，从而取得经济优势的关键所在。思想教育必须从价值导向的角度来揭示发展经济对民族、对国家的重大意义，从而激发全社会的责任感，提高公民的整体文化素质，建立与时俱进的社会主义经济文化，用先进的文化素养来引领社会主义经济的前进步伐。

第二，思想教育通过营造稳定的社会环境促进经济的发展。市场经济是最大效益追求和单纯的利益驱动的经济体制，在社会表现中，容易使人们产生利己主义和实力主义的风气，难以保证社会经济发展均衡。因此，思想教育的另一个重要作用就是在伦理道德范围之内约束市场主体的经济行为，塑造一种良好的、积极的舆论氛围，形成正能量的精神环境和社会风气；久而久之，形成一种完善的社会主义市场经济下的良好的市场秩序和文化，如思想教育的内容包含科学发展观和和谐发展的思想形成的社会文化。它使人们从狭隘的、片面的、孤立的追求经济效益的思维方式中转变过来，形成具有法制观念和道德意识的市场经济文化，形成奋发向上、开拓进取、公平竞争、精诚合作的经济文化大环境。

第三，思想教育对经济的主体提供了精神激励和道德约束。与营造社会稳定环境促进经济发展相一致，作为做人的工作的思想教育对于经济主体，包括企业、政府、个人的精神激励和道德约束促进经济发展效果同样突出。培育自尊自信、理性平和、积极向上的社会心态，这种心态的建立要求经济在一定程度上发展，思想教育在一定程度上传播，社会主义先进文化在一定程度上弘扬。经济主体的精神激励和道德约束作用表现在社会共同愿景、共同理想以及社会主义的核心价值、理想教育之中。进行理想教育就是要使人们把共产主义理想内化为个人理想，树立共产主义目标并为之奋斗。思想教育通过传播和灌输具有现代性、普及性和实效性的社会主义理论，不仅促进经济发展，还有助于社会主义共同理想和个人思想品德素质的共同提升，从而形成完善的伦理经济文化。另外，思想教育对于经济发展的这一项功能和途径也有利于形成团体的良好的文化，通过对大众化的带动，形成凝聚力强、积极、经济业务配套、有创新精神的大众文化。

思想教育通过对社会主义市场经济这一途径的深入，从道德、规范和伦理约束等方面弥补了单纯以法律和制度规范经济运行的不足。更为难得的是，思想教育所涵盖的精神激励因素可以促进市场经济的发展。它不仅对我国的社会主义市场经济体制良好的市场经济文化的形成起到了积极的作用，更深化了社会主义先进文化的整体内涵。

（三）拓宽社会主义先进文化的传播

社会管理的定义有广义和狭义之分，从广义上来讲是针对整个社会系统的管理。从狭义上来谈，社会管理内容包括政治、经济、公民精神文明和社会性全面的管理。社会管理包含的范围非常广泛，涉及的管理范围也是最大限度上包含全社会的。对社会管理的主要方式有硬性和柔性两种，硬性主要通过法律和规范性文件、国家暴力机构、权威组织以及制度的建设对社会进行直接的管理。柔性管理则是以影响“人”为核心，通过文化塑造、共同价值创造等手段对社会事项进行规范。以马克思主义理论和习近平新时代中国特色社会主义思想为核心指导内容的思想教育是社会柔性管理的最有力手段，通过思想教育的价值体系传播正能量的文化信息，促进社会文化氛围形成的同时，从全社会汲取有建设性的思想和智慧丰富思想教育的理论体系。因此，思想教育和社会管理是密不可分、相互作用的。社会管理需要依仗思想教育的手段来完善其管理形式，思想教育也需要通过与社会管理相结合来拓宽文化的传播途径和范围，从而改善社会文化的大环境、大氛围，最终建设具有中国特色社会主义的先进文化。

思想教育是一种针对人类意识的活动，具有必然的社会性，这也就决定了它必须依托一定的客观物质载体才能表现出来。社会管理作为思想教育的载体之一，有其三点必然性。

第一，社会管理活动具有普遍性和广泛性。社会管理作为管理活动，所涉及的层面非常广泛，包括社会人文科学、历史、统计学、地理学等复杂的学科。社会管理活动有很大的覆盖面，触角延伸到社会的每一个角落之中，包含各行各业的内容。然而在我国思想教育的教育对象也较为广泛，因此思想教育与社会管理相结合保证了它接触层面的广泛性和普遍性，也拓宽了它对于文化形成的认知的深度与传播的广度。

第二，思想教育与社会管理有相互融合的趋势。思想教育的教育属性和社会管理中的管理属性是必然联系的，管理之中有教育，教育的手段又通过管理的实践来丰富，两个学科交织在一起，且相互联系、不可分割。思想教育作为一个繁杂的教育系统工程，需要我国党政机关、企事业单位、各个职能部门和教育系统的齐抓和共管，通过研究，思想教育理论体系也必然会渗透到社会管理的各个角落，如思想教育中民主的理念、共产党员最高理想的概念、和谐发展、以人为本、科学发展观的思想，都可以在实践中对社会的管理活动有积极影响，都对社会主义文化的形成和发展起到了不容忽视的作用，促进社会文化朝着现代化、大众化的方向发展，且拓展文化传播的范围。

第三，思想教育面临的新形势对社会管理提出了客观要求。随着社会经济的发展，思想教育活动被置于一个多元化、复杂的社会环境中。我国社会主义市场经济的发展，以及加入世界贸易组织后面临的国际经济要求，使得国内对经济政治全球化的认识日益深刻。思想教育因此面临着越来越严峻的挑战。经济全球化破除了传统封闭国家的壁垒，民族的片面性和局限性越来越难以存在。网络社会的发展也直接推动了思想教育与社会管理的紧密联系。计算机的广泛应用、网络文化的兴起以及通信工具的快速发展已经改变了传统的人际交流方式。新的社会生存空间和生活方式的形成不仅使人的思想发生了改变，也促使思想教育与社会管理的联系成为必然。

社会管理是思想教育最为有利也是必然的载体之一。无论从社会管理的广泛性、普遍性、自身属性还是客观性上，思想教育与社会管理都是不可分割的。思想教育通过从社会管理的角度认识社会、接触社会、管理社会，极大地拓展了自身的内容体系，更对以传播新时代下的道德理论为核心的社会主义先进文化建设有着不可替代的作用。

（四）推动社会主义先进文化的创新

“高校校园文化建设是中国特色社会主义先进文化建设的主阵地，对高校学生的思想和精神成长具有重要的引导作用，也是陶冶青年学生道德情操、提高他们修养的重要载体。高校借助校园网络平台创新社会主义先进文化传播方式，积极调动学生参与校园文化建设的积极性。”

在科学技术迅猛发展的今天，科技给予思想教育的不仅是挑战还有机遇。

思想教育作为塑造人的一种教育工作，以马克思主义原理要求人们的思想观念、党的执政理念应当具有时代化、大众化、中国化的特点。思想教育本身是一个与时俱进的思想教育体系。科学技术是我国生产力的核心，也是科技创新的前沿。科技创新是提高社会生产力和综合国力的战略支撑，必须摆在国家发展全局的核心位置。而科学文化思想与教育的联系是很密切的。思想教育在社会主义先进文化建设的价值实现过程中，也必然需要与科学技术相连接，在思维、技术、理论的最前沿引领先进文化建设。

思想教育在社会主义先进文化建设中以科技为创新手段。首先，它是在意识和观念上与科学技术相结合。从思想领域不断地完善思想教育工作，要求必须树立思想教育中的科技化的意识，才能自觉地运用科学技术的成果、科技研究方法和手段，指导思想教育在教育实践中顺利进行，从而提升大众的思想文化素养。传统的思想教育方式是通过开会、学习报告、举办党校学习班的形式来进行的，有一定思维局限性和思维定式，容易造成教育方式死板、走形式的现象产生。在科技化意识的背景下，要求思想教育必须保持教育的生命力，依靠科技进步和思维活跃的新观念。从接受教育者的角度来说，思想教育的科技化适应了人们普遍追求新颖的思想观念和形式的需求，能使受教育者对科技内容、方法、手段和创新意识形成广泛的心理认同，更加有利于思想教育通过先进的科技手段加大工作力度。执行科技的新方法，使思想教育更好地渗透到以科技化为先导的经济、管理和社会发展中去，增强思想教育的时代感，提高教育的针对性、主动性和实效性，对于实现思想教育引领社会主义先进文化建设创新起到巨大的推动作用。

第一，要把思想教育的内容和科学技术联系起来推动文化创新。以科技兴国为目标，应增强思想教育中的科技元素和科普教育方法，提升人们的科学素养和对科学规律的认识。培养公民的科学精神观、科学方法观、科学的世界观，提升人们运用科学手段解决问题的能力和素质。不断地进行科技创新，培育出适合社会主义社会发展的优秀人才，从而推进先进文化在社会主义大环境下生根发芽。

第二，思想教育在教育方法上和科技创新思维连接起来推动文化创新。科学技术日益发展，如今已经融入教育媒介的各个方面，如教育方法以及教学器材的使用中。思想教育要追求创新和发展且达到推进先进文化的目的，就需要不断更新教育设备和手段，学会充分运用科技的成果，实现思想教育方法和手段创新，能够将教育手段和科技创新联合起来。运用科学技术，教育方法更加新颖，使受教育者更容易接受教育，在无形当中、政治的氛围教育之中、生活娱乐工作中轻松地接受思想教育。科学技术帮助教育方法的研究，更可以从受教育者的角度出发，运用教育学、系统论、控制论、大脑信息接收的研究使受教育者的信息接受更为顺畅。

第三，现代思想教育机制要与科学技术的发展相结合，推动先进文化的建立。这一点主要是针对前沿科技中的计算机运用、统计学、监察理论及反馈和监督机制。在这个实施过程中可以通过最前沿的现代科技成果，从大众传媒角度运用计算机和互联网技术来收集各类舆论信息，建立教学难点、教育重点，透过预警机制，在问题发生之前对教育目标进行警示，也可以将其用于接受过思想教育的官员的权力运用之中，把思想教育的柔性管理手段和监督机制结合起来，形成一个完整的系统。通过对信息的收集，对信息进行层层反馈和分析，对进一步的思想教育理论制定和思想教育过程的指挥和调节都起到启示的作用，进一步加强了思想教育对于社会主义先进文化创新的完整性。

思想教育透过科学技术的创新，可以做到从受教育者的最根本思想观念出发，以科技方法、科技内容和科技监督的手段，推进受教育者的整体科技观念、科技思维；也结合制约管理机制达到教育与制度管理的融合，丰富社会主义先进文化的发展氛围，推动思想教育对社会主义先进文化的创新。

第三章　学生素质教育与能力的培养

在现今知识爆炸的时代，最重要的不是掌握知识的多少，而是如何让学生掌握学习方法，培养学生学习能力，激发学生在学习中的积极性、主动性和创造性，培养学生的创新意识和创造能力。本章研究学生人文素质教育的培养、学生职业素质教育的培养、学生创新素质能力的培养。

第一节　学生人文素质教育的培养

一、加强人文素质教育的途径选择

“随着我国社会经济的快速发展，进一步认识教育形势，正确理解和把握高职院校学生素质教育和职业能力发展之间的关系成为必然。通过完善高职学生素质教育和职业能力培养的体系构建，着力培养高职学生的综合素质，提升高职学生的核心竞争力，促进高职院校健康、可持续发展。”

学校学生的人文素质教育作为一项教育工程，需要我们系统和长期不懈地努力。当今，学校学生人文素质教育还处于不断摸索与尝试的时期，积累的经验不够，不能希望人文素质教育立竿见影，需要不断学习和借鉴那些成功经验，在设置人文教育内容、改进人文教育教学方法以及对学生人文素质的考评等方面不断努力，从而推动人文素质教育的发展。

二、确立人文素质教育在学校中人才培养的地位

有什么样的观念，就有什么样的行为。职业教育办学除了功利更承担着沉甸甸的社会责任，这必然要求我们从根本上确立人文素质教育在学校中人才培养的地位，以提高学生综合素质为宗旨的“素质本位”的职业教育观念。当今是知识经济的世界，我们必须顺应时代潮流，学校教育要着眼于

学生的全面发展，通过对学生的综合的、全面的、系统的人文素质教育，完善学生的品格，把学生培养成符合时代潮流的“高素质技能型人才”。因而，学校在培养学生过程中，一定要注重人文素质知识、能力和精神的教育。一方面要加强职业技能训练，增强学生的职业能力；另一方面要加强学生综合能力的培养，使学生最终成为一个既会“做事”又会“做人”的全面的人。

三、确定人文教育与科学教育结合的教育理念

只有把自然科学和人文科学融为一体，我们才能期望达到与我们的时代和我们这一代人相称的智慧的顶点。把人文教育和科学教育相结合作为教育的办学理念，核心在于学校教育的发展不仅要给学生以“才”，而且要成人以“性”，塑造相应的人文精神。一个有科学创新能力的人不但要有科学知识，还要有文化艺术修养。人文上的素养往往被看成是开启科学创新思维的钥匙，把人文教育与科学教育相融合，不仅是学校教育发展的需要，也是社会发展的要求。人文教育与科学教育相融合，对学生创新力的提升很有帮助，也有利于学生职业转换能力的提高。因此，学校的人才培养模式必须致力于学生的全面发展，以致力于学生人格的完善为目标，以提高学生综合职业能力为核心。要提高人文素质等要素在人才培养课程体系中的地位，以确保学校学生全面、整体性发展。

四、以人文教育的养成为目标

建设具有学校教育特色的课程是实现学校教育培养目标的重要手段。加强学校的职业人文教育，一方面要提高认识、更新观念，另一方面是抓好职业人文教育的重要载体（课程）。要加强现有课程的整合，课程要充分以诚信、合作、责任、敬业、创业等职业人文素质的养成为基础，并从职业价值观、职业心理、法律法规、职业指导等方面做好职业人文课程建设。

（一）人文教育渗透到专业教育中

用“渗透”这个词，为的是表达，人文素质教育课的内容不是生搬硬套放进专业技能课中，而是与专业紧密结合，使学生在学习专业课时不知不觉提高人文素质。根据企业对学生人文素质的要求——“爱岗敬业，能吃苦耐劳，

有较好的综合能力和自我发展能力，有团结协作精神和良好的心理素质，能适应一些简单、重复的劳动”，学校应从实际出发，将人文教育的内涵，融于实践教学中去。实践教学是学校人才培养目标的重要环节，创建优良的实训基地、良好的工程实践环境是培养高等技术应用型人才的有效保证。

(二) 课程整合中要体现人文教育素质要求

“成为每一个人的普通基础教育的一个组成部分，为了解科学技术、职业领域和人的价值，以及做一个有责任心的公民打下基础”曾经是联合国教科文组织对职业教育的设定。这体现了人文素养在职业教育课程中将要加以落实。笔者觉得，学校的人才教育目标不仅要体现专业技能、职业技能，更要重视学生全面、完整的发展，培养学生的职业道德，健康向上的人格，促进学生全面综合发展。

五、建设具有人文特色的校园文化

优良的校园文化是学生人文素质教育中非常重要的因素，一方面，好的校园文化为教师的教与学生的学提供了良好的氛围；另一方面，优良的校园文化可塑造学生的灵魂。一个学校好的校园文化会规范学生的日常行为于无形，学校要将课堂教学与校园环境建设相结合，给学生营造一个无形的课堂，让其提升自身的人文修养。

学校人文特色校园文化的建立应体现在以下三方面：

首先，校容校貌硬件设施的建设与规划。近几年，许多学校忙于扩规模、搞建设、上硬件，这正是一个创建高品位的校园环境，营造良好的人文教育氛围的机遇。学校要在建设时修建人文性的校园艺术小品，举办各种传统文化讲座，鼓励学生参与文化社团活动，陶冶学生情操，使校园在外在方面就具有浓郁的人文氛围，突出校园环境对育人潜移默化的作用。

其次，抓“三风”(教风、学风、校风) 建设。教师的奉献精神，严谨的教风通过言传身教会影响到学生，潜移默化地传递和弘扬人文精神。一个学校校园文化环境和氛围是学校教风、学风、校风的外在体现。因此，“三风”建设从上到下都要秉承垂范，严格遵守，帮助学生树立良好的学风，进而促进人文素质的提升。

最后，校内外文化活动的加强，为学生搭建接受人文素质教育的一个平台，鼓励学生多参加并引导学生正确参加一些社会实践活动，使学校对学生人文素质教育的要求转换成学生自觉自愿的行为。大学本身是一个综合体，不应该只承担专业知识传授的任务，更需要传递的是一脉相承的人文精神、学术传统。一所大学给予学生的人文精神、素养，除了专业学术知识，更使他们津津乐道的是丰富多彩的校园文化生活，某个教师的谦谦风度，引人深思的文化讲座，以及古老建筑下的枯藤老树、林荫小径、读书一角等。

六、改进人文素质教育考评机制

要加强学校人文素质教育，需要创新人文素质教育考核评价体系。相对于其他较为完善的考评机制，人文素质教育的考核评价体系显得很不成熟。笔者认为，要建立有效的学生人文素质考核机制，主要把定性与定量评价有机结合起来，如召开座谈会、到实地进行调研考察、设计科学的调查问卷进行系统分析等。

另外，学校要引导学生形成“要做事先做人”的思想，创新尝试专业基础知识和人文素质教育的“双重考核”，对毕业生实施专业知识和综合人文素质的双答辩。综合人文素质答辩内容主要包括思想道德素质、科学文化素质、身心健康素质等方面。以身心健康素质为例，主要体现内容为学生的人际交往、心理健康状况、面对挫折的应对能力等。人文素质考核答辩可以尝试要求每名毕业生结合自己三年的校园生活的方方面面，对自己的成长过程进行总结。其中，要展现成功经验和失败教训，寻找不足，及时调整职业规划方向，形成健康人格，树立正确“三观”。

第二节 学生职业素质教育的培养

一、学生职业素质培养的有效策略

(一)“学校 + 企业 + 社会实践”职业素质教育模式

以提高学生职业素养为宗旨，构建“学校 + 企业 + 社会实践”职业素质教育模式，充分利用学校、企业、社会三方资源，搭建职业素质教育工作平台，创建良好的育人环境，形成良好的育人机制，以此强化学生的职业道德等职业意识，培养学生依法行事、爱岗敬业、感恩回报、自信自强等素质品质，促进学生全面发展。

1. 搭建职业素质教育平台

(1) 建立职业素质教育工作机制。学校可以通过成立由学校、企业、社会三方专家和学者组成的学院职业素质教育专家委员会，为职业素质教育工作提供咨询和指导，具体负责对职业素质教育工作进行宏观规划和系统设计，研究制订学生职业素质教育实施方案等规范性制度文件，开展学生素质教育工作研讨等，为职业素质教育工作顺利开展创造良好的制度环境和高效的运行机制。

(2) 做强学生职业素质教育工作队伍。组建一支由专、兼职辅导员和班主任等组成的职业素质教育工作队伍，为实施职业素质教育提供人才队伍保障。专职辅导员负责在学生日常思想教育和管理过程中进行职业素质教育的渗透和引导；兼职辅导员可由企业劳动模范、技术能手、成功人士等组成，参与学生诚信意识、爱岗敬业、乐于奉献的教育，使学生切身感受和体会到职业道德和从业精神的内涵，激发学生职业兴趣，提高学生的职业道德。

(3) 构建职业素质教育平台。学院通过构建特色文化教育平台，用职业文化的熏陶、企业文化的渗透培养学生的职业精神和职业认同意识。例如，通过特色校园文化建设，营造特色文化氛围，实现学生职业素质教育理念、环境的和谐统一。

2. 发挥企业育人功能

(1) 共建职业素质训练工作平台。通过建立学生实习、实训基地，使学生在实习、实训的同时接受企业文化熏陶，强化学生职业道德意识和职业认同意识，培养学生的综合协调能力和团队合作意识。

(2) 构建校友及辅导员工作平台。选聘企业劳模、优秀校友、企业家代表等作为学生职业素质指导教师，通过现身说法，帮助学生正确认识行业特点，指导学生进行职业规划。

(3) 建立人才需求信息资源工作平台。学校职业指导人员可与企业人员一同深入就业企业或地区行业、企业展开调研，有针对性地收集企业信息，整理出有关企业文化、企业精神、企业发展战略、企业管理典型经验、企业用人标准等有效信息资源，利用人才需求信息资源平台帮助学校调整人才培养目标，帮助学生了解企业、认识企业，树立正确的职业观和择业观。

3. 搭建学生社会实践活动平台

建成各类社会实践活动基地，包括德育实践基地、公益活动基地等，引导学生开展形式多样的社会实践活动，引导学生在活动中培养爱国主义、集体主义、社会主义荣辱观，增强责任意识和使命感，树立正确的世界观、人生观、价值观。

（二）打造有效拓展学生职业素质的校园文化

职业素质的养成是一种过程，是一种对职业意识、职业能力不断内化、积淀和升华的过程。要使学生在校期间直观、深入感受职业文化，形成较好的职业素质，可以通过校企双元同构，打造校企深度融合的校园文化来引导和规范学生的思想和行为，将职业素质教育内容融入校园文化建设中，在显性和隐性的教育环境中加强学生的职业素质教育，使学生逐步了解、习惯和自觉遵守相关职业的素质要求。

一般而言，校园文化由三个层次构成：一是环境文化，它是学校各种客观实体存在的总和，是校园文化的基本载体。二是制度文化，它是学校各项规章制度的总和，是保证学校与外界、学校内部各项活动正常进行的机制。三是精神文化，它是学校全体人员长期或短期的意识思维活动和一般心理状态的总和，是校园文化的核心。

1. 建立完善与企业管理制度接轨的制度文化

制度文化是人类为了自身生存、社会发展的需要而主动创制出来的有组织的规范体系。制度文化建设属于校园文化建设中的机制建设，是保证学校与外界、学校内部各项活动正常进行的机制，具有导向、约束和规范作用，是校园文化建设的保障系统。

学校校园制度文化的建设要兼顾制度层面的规范性和企业用人需求。学校严格完整的规章制度和组织纪律制度的制定和执行不仅要有效维护正常的教学秩序，培养和锻炼学生严谨治学精神，还要考虑学校校园制度文化与企业制度文化的配套与内容的衔接，强化各项规章制度的权威性和强制性，为学生毕业后适应更严格的企业制度做好心理准备。建立并完善与企业管理制度接轨的制度文化可以从以下两方面着手：

（1）探索学生日常管理制度与企业管理制度的融合。学校学院在学生日常思想教育和学生管理模式上可以通过深入企业调研，引进优秀企业的先进文化理念，汲取其科学的管理经验和丰富的文化内容，强化学生“职业人”的自查自省意识，切实培养学生的敬业、服从、诚信、效率、质量等与企业文化有密切关联的职业素质。

（2）推行与企业接轨的实习管理制度，尝试准企业管理。如要求学生在实训、实习场所统一着装，佩戴工卡上岗，在完成职业基本技术、技能训练的同时，感受浓厚的企业文化熏陶，接受具有企业特色的文化教育，领悟企业的严格管理，强化自身职业态度、职业习惯等综合素质的培养，为毕业时实现“零距离”适应企业、适应社会奠定基础。

2. 打造可拓展学生职业素质的校园精神文化

校园精神文化是学校师生长期或短期的意识思维活动和一般心理状态的总和，是校园文化的核心和校园文化建设所要营造的最高目标。

从本文的问卷调查结果不难看出，绝大多数用人单位对学生的首要要求并非专业知识和技能，而是敬业精神、团队意识、吃苦耐劳精神、诚信和责任感等。为此，学校学院在校风、校纪、校训的建设中，坚持职业导向，选择性地借鉴和吸纳优秀企业的企业精神、经营理念等，使之与日常教育紧密结合，引导学生树立正确的价值观念，强化学生严格的纪律观念、“零缺陷”的质量意识、吃苦耐劳等精神的培养。

3. 创建“职业化”的训练和模拟的校园环境文化

在校园文化建设中，环境文化作为显性文化，是教育育人的有效载体，是推进学校文化建设的必要前提。学校校园环境文化建设，可根据学生未来职业的特点，由过去的偏重校园环境的美化、净化转变到职业化、社会化上来，处处突出“职”的特点，通过优秀企业文化进校园活动，在校园环境建设中加强与企业文化对接的职业环境的布置和氛围的渲染，使学生直接置身于与以后的实际工作岗位、生产现场十分相似的职业环境和氛围中，使学生在校园文化和企业文化的熏陶中及早完成由“学校人”向“社会人”的角色转变。

“职业化”行为的训练和模拟的校园环境文化，具体可以从通过校园硬件设施的职业人文氛围布置来输入企业文化。在实训楼张贴著名企业家的经典言论和优秀企业的管理理念，在道路、教室或走廊的环境布置上，将市场对人才的需求信息、行业与专业的发展趋势、业内成功人士的资料、业界用人的最新要求等与职业息息相关的内容引入等，激发学生努力学好职业技能和培养职业道德的求知欲望。例如，对实习实训场参照企业标准严格做好企划管理，学院所有的实训室、实训工厂仿照企业生产工作时的环境进行调整，真实地模拟企业生产工作的状态。此外，还可强化教学实践环境的企业化设计。通过仿真实训基地和项目导向工作室，使学生实现一体化教育。

二、发挥课程教学在职业素质培养中的功能

学生职业能力是其岗位适应的重中之重，科学、系统的课程教学能有效达成这一目标。为此，必须对职业技术教育的课程设置、课程内容、教学组织模式、质量评价体系等进行改革，促使学生的潜能向现实的职业素质生成。

(一) 建立职业素质培养的课程标准和课程体系

1. 学生职业发展课程标准的构建

学校课程标准作为学校教育教学的指导性文件，其制定是一项系统而复杂的工程，重在应突出学生职业素质培养，通过规范课程教学的基本要求，确保课程内容与职业素质目标分解相适应，直接对接职业岗位和具体工作任务，从而针对性地培养学生职业素质。具体来说，一要将国家职业标准和相关行业标准进行创新性有机整合，满足学生就业、谋职、职业发展、个体职业生涯的需求，提高学生的社会适应性和创造性；二要深入调研，与企业、行业紧密合作，以企业对学生职业素质要求为准绳，分析职业岗位工作过程及典型工作任务，将职业素质教育融入职业技能教学全过程。

2. 基于职业素质养成建构课程体系

高等职业教育要培养“高技能”“高素质”人才，在课程体系的构建中可以将其分为三类：理论知识课程、专业技能课程和综合素质课程，前两者旨在培养学生职业能力，后者旨在提升学生职业意识，相互交融，整体提升学生职业素质。

理论知识课程突出服务性，即普通文化课为专业理论课服务，专业理论课为专业技能课服务，课程教学重点在于理论知识的有效转化利用，引导学生如何找到在专业中应用理论知识的线索，从而有效调动学生对课程的兴趣，深化学生理论素养；专业技能课程突出项目化，通过引进真实或仿真的工作项目，重组专业技能课程内容，整个教学过程以实际的工作项目来贯穿，学生通过项目的完成掌握相应的专业技能；综合素质课程突出多元化，通过构建活动课程、环境课程和实践课程等形式，帮助学生获得为人处世的经验技巧，完善学生的世界观、人生观和价值观，让学生在遵纪守法、思想意识、社会公德、文明礼仪、为人处世、自我修养等方面进一步养成良好习惯，培养学生做人、生存、健体、创业、求知、审美和心理承受等基本能力或技能，进一步促进学生身心健康、审美意识、个人责任感和精神价值等方面的全面发展。

3. 以职业素质培养为目标的教学组织模式

教学组织模式是实施人才培养方案达到人才培养目标的重要途径。学校课程教学可开发与工作过程相适应的项目教学、工学单元交替分段式的教学组织模式，以就业为导向，突出强调教学过程的实践性，将岗位职业能力和职业素质教育贯穿于整个专业教学中。

教师通过与企业技术人员合作，共同制定实训项目任务书、制定项目工学进程推进教学。通过引进企业真实项目、工作任务、工作程序，依托项目工作室、教师工作室、校企合作基地等载体，全面实行项目导向教学，使学生在真实或仿真的环境中得到知识的学习和技能的训练，得到准职业环境的规范管理，培养其良好的职业习惯和严谨的职业态度，促进其职业认同感。

4. 建立职业素质测评的教学质量评价体系

一是构建全方位、全过程覆盖的开放性的教育教学质量考核评价机制，综合考核学生专业技能、职业操守、团队合作意识、交流及表达能力、组织协调能力等；二是以企业满意度、消费者满意度、学生的就业率及就业质量作为核心评价标准，对教学过程实施全程监控，及时反馈信息，形成持续改进的项目导向工学结合质量保障机制。

5. 提升教师的双元职业素质

通过培养“双师”型教师队伍，有效提升其专业技能及实践能力。具体可采取以下措施：一是实施教学能力提升工程，通过助推教师参与改革实践性教学、组织开展技能竞赛等手段提高教师专业实践技能和技术开发能力；二是实施操作技能提升工程，如引导教师积极参与挂职锻炼、顶岗实习、建立师资培训基地等手段，提升学校教师的“双师”能力。

（二）构建以职业素质培养为核心的思想教育工作新体系

学校思想教育工作应坚持“以人为本”的原则，不断优化管理理念，构建以职业素质培养为核心的思想教育工作新体系，通过创新思想教育内容、形式和载体，完善学风建设机制，搭建职业素质与能力展示的平台，提高学生的职业能力等，将学生职业道德、职业理想、职业精神、职业能力等纳入人才培养全过程。

1. 思想教育的内容、形式和载体需创新

学校的思想教育应把职业素质的培养作为着力点，实施全程育人、全方位育人和全员育人，不断创新思想教育形式、内容和载体，通过课程教化、环境感化、过程内化的基本途径，使学生获得符合社会和企业要求与自身生长需要的职业素质，提升思想教育在学生职业素质培养过程中的针对性和实效性。

实施思想教育全过程“育人”工程。以职业生涯规划为主线全面实施职业素质教育，针对学生成长的不同时期，从学习、生活等多方面入手，采取有针对性的导航服务，实施学生职业素质培养的全过程育人。例如，对于大一新生，思想教育主要以指引为主的入门职业教育，引导学生了解专业、了解自我、了解社会，指导学生制订学习计划书和职业生涯规划，确立职业发展方向，制定职业发展目标；对于大二学生，思想教育可进行融合社会为主的深化职业教育，侧重于专业基础素质教育、劳动技能培养、审美素质提升、自我教育和自我完善能力的形成，专业思想的强化、就业环境的体验；对于大三学生，思想教育可进行实用能力为主的强化职业教育，加强对学生后续发展和可持续发展能力的教育培养，侧重专业素质的培养，培养和锻炼学生的沟通交流能力、执行能力和解决问题的能力等。

开展思想教育的全方位“铸魂”工程。通过实施社会主义核心价值观教育、职业理想教育、职业道德教育、职业心理教育、创新精神教育等，实现学生职业价值观念、职业道德情感、职业行为能力三位一体的培养目标。以职业道德教育为例，可以主题教育活动为载体，如以“诚实守信”为主题的“为人之德”；以“爱国”为主题的“为民之德”；以“责任心”为核心的“为事之德”；以“自我完善”为核心的“立身之德”，通过课程教化、环境感化、过程内化的基本途径，给学生发展个性、独立思考和选择的道德实践机会，使学生获得符合国家要求和自身成长需要的职业道德品质。

2. 学风建设机制待完善

学校学风建设应树立“以学生为主体，以职业素质为基础，以就业为导向，以创新为动力，以质量为生命线”的学风建设思路，开展多形式的“益智”工程，完善和落实激励＋预警机制、心理健康教育与辅导工作机制、助学机制等，使学生“乐学、勤学、会学”，形成良好的学风，提升学生职业能力。以“益智”工程为例，根据学生的专业特点，通过组织开展各专业技能竞赛，组建学习型社团等，引导学生启迪开发心智，培养学生的语言能力、数学逻辑能力、空间能力、音乐能力、身体运动智力、人际关系智力和自我认识（控制）智力等多种能力，形成和发展学生博雅的人格底蕴。在“激励＋预警”机制的执行过程中，一方面要发挥先进集体、学生党员等先进典型在学风建设中的模范作用，激励更多的学生努力学习、全面发展，以学业成绩提高、全面素质拓展来体现学风建设的成果；另一方面则是针对不同类别的问题学生群体，如有心理问题倾向的群体、贫困生群体、恋爱群体、厌学群体等，建立“预警机制”，采取分类指导的方式开展对学生的思想教育工作使他们及早走出困境，把问题解决在初始阶段。

3. 职业素质与能力展示平台的搭建

实践出真知，学生职业素质的培养更需要在丰富的实践活动参与中完成。在“校企合作”职业素质培养模式中，通过搭建校企合作平台、开展各类社会实践活动、丰富校园文化活动内涵、开展行为养成教育等，合力多种途径培养学生的职业素质。

（1）利用社会实践活动的参与和体验，有效提升学生职业素质。通过开发社会实践活动载体，如实践活动、志愿者活动、社会调查等，引导学生清醒地认识到在校期间应掌握的知识和能力，做好职业规划，顺利实现就业。同时，不断完善社会实践活动相关制度，如社会实践活动管理制度、社会实践活动奖励制度等，使学生社会实践活动走向制度化、规范化、科学化的轨道。

（2）构建丰富多彩的校园文化活动体系。构建以职业意识培养为导向，以职业能力培养为重点，以提高学生职业素质为核心的多种学生活动模块，如思想素质教育学生活动模块、职业素质教育学生活动模块、身心素质教育学生活动模块等。思想素质教育学生活动模块主要培养学生的政治素质和道德素质；职业能力教育主要培养学生专业发展上所需要的职业素质；身心素质教育学生活动模块主要用来培养学生的文化、艺术、体育、健康心理等素质，充分鼓励学生的个性发展。

（3）强化行为养成教育，提升学生职业素质。行为养成教育作为一种渐渗入微、润物无声的教育方式，可以通过“外化—内化—再外化”的教育过程，培养学生的良好习惯。针对学生自我约束力不强、自制力较差的特点，学校可以通过建立学生行为纪实档案、操行分评定、文明修身工程、文明寝室创建等系列活动促使学生形成良好的纪律观念和行为素养，顺利将学生良好的职业行为规范内化为优良的职业品质。

第三节 学生创新素质能力的培养

“学生创新能力反映了对掌握知识的理解和应用的能力，是实现社会人才需求、学校人才培养及国家创新体制构建的重要保证。”

一、教师意识的创新是培养学生创新能力的有效保证

（一）创新素质能力的思考

每个人都具有潜在的创新能力，创新能力可以是后天培养的，并可以通过训练不断提高。创新无处不有，无时不在。学起于思，思源于疑，人的思维永远是从问题开始的，问题与情景思维相伴而生。课程教学创新对激发

学生的课程学习兴趣、培养创新精神、增强学习效果大有裨益。个人对创新的理解，关键在于对存在的问题解决方法是否有创新性，而不用在意是否曾经有人提到过。教师可以就当前教材中的事例进行挖掘，将一些典型的相关创新事例向学生展示。

(二) 启发学生的创新兴趣

创新性学习是在教学中围绕一个特定的问题展开，在教学的过程中，教师采取各种措施进行诱导、激发，导言设计、问题提出都可以“打开”学生的求知欲望。教师通过激励和引导学生自发地发现和对问题的提出，设计对应的方案方法，分解现有资料，解析并直至得出结论，引导学生应用“先验”知识，学习和借鉴前人科学的研究方法，培养发现问题和解决困难的素质。要求学生深入社会现实开展探究、创新思维、创新实验等学习活动，加强对社会的了解和参与，密切学生与社会生活的联系，以实现创新精神和创新实践能力的共同提高。

(三) 营造积极主动的学习氛围

在教学中，首先要营造积极主动的学习氛围，使学生能发挥创造性，改变课堂学生被动接受知识的“填鸭式”局面。充分尊重学生的个性，以宽容、体贴等方式对待学生。教师通过情境假设，共同研讨、争辩，充分调动学生学习积极性，使学生发散思维和求异思维能力得以培养，从而形成一种积极主动的学习氛围，让学生能在教学过程中与教师互动交流，自觉做学习的主人。同时在课外，需要一定的实践平台来为学生营造氛围，创建创新工作室、开设学科竞赛课外创新实践班来弥补课堂上的时间及相关不足。例如，积极开设 ACM 程序设计训练班、程序设计创新训练班、单片机开发创新训练班来提高学生的创新实践能力，同时也推动了学科竞赛工作向前持续发展。只有在这样的课堂内外的学习氛围中，学生的才智和创新能力才能得到一系列有机衔接。

(四) 培养学生解决复杂问题的能力

复杂工程问题源自现代工程的综合性、多样性、跨学科交融等特征。在工程教育认证中，有多条要求明确指出，需要有解决复杂工程问题的能力，这也要求在平时的课堂教学中，需要设计一些复杂的问题加以解决，或采用小组辩论的方式训练学生解决问题的能力；同时需注重各学科的交叉运用，拓展学生知识面，使学生在素质能力培养中不自觉养成开拓的创新思维和开阔的科技视野。例如，在无线传感网络课程中，针对 CC2530 在协调器和节点间发送数据时以帧格式进行发送的复杂场景，教学时以智能家居加计算机串口加以演示，使学生能直观感受信号传输的过程。

(五) 引导提高学生的分析能力

创新性思维是多种思维方式的综合。创新性运用新思维，探索新事物，解决新疑点。在教学中，培养学生综合思维能力至关重要，应严格遵循“论证—综合分析—再论证—再综合分析”的规律。一是丰富学习的体验，重点是延长和深化学习的过程，更加注重学习过程中深刻的、充实的、探究的经历和体验。二是培养合作与共享的品质，强化创新性学习需要、动机和兴趣，促使学生养成共享与共存的品质，同时在此过程中学会分享学习经验。三是融合各学科的交叉，把学生置于开放、多维的学习环境中，使学生汲取更多的科学知识，获取多元的信息。四是培养独立思考的能力，在教学中确立学生的主导地位，激发学生的独立思考分析问题的能力。

二、学生的创新兴趣是发展创新能力的有效动力

(一) 引导学生由易到难的过程

兴趣来源于生活中的点点滴滴观察，而观察中蕴含了一定的自身知识掌握基础。要有动机地思考问题，没有动机的思考只能是本能的重复和再现，学生学习明确，求知欲旺盛，能自觉主动积极思考固然是好事，然而，要使内在动机变成经常起作用的思考动力，还需要教师采取各种举措来进行激发、导引，发挥教师主导作用。平时课堂教学中提出的问题，要难易适中，让学生不能不费力气得到答案，而需要一定的“艰辛”努力才行。问题难度适宜，才能激发学生的认知欲望。学生因兴趣学习，不知不觉中解决了问题，创新能力才能在这一过程中得到更好的发展。

(二) 在日常生活中培养创新实践

仅有创新的思想往往不够，还需具备一定的创新实践能力。创新实践能力对理工科学生不可或缺，对创新实践能力的培养是学校教育者肩上的责任。理工科刚好和日常生活联系比较紧密，教师在教学中要充分利用这点，给学生最大的感知。在教学中，需要尽量联系生活实际的方方面面，解析给学生，使之领会理论知识是如何运用到现实生活中的。将最新的研究方向向学生展示，分析与当前生活密切相关的作品，既可增加学生对该专业学科的兴趣，又能在潜移默化中激发其创新意识，并在将来工作中不自觉地应用起来。

(三) 寻找突破口

学生都有想做事的心理，但有时苦于找不到突破口，这就使得需要教师创造合适的机会，使学生能自己进行相关思考。每年的学生电子设计竞赛、“挑战杯”全国学生课外学术科技作品大赛等活动，往届赛题、作品视频等均可给学生作为参考，便于其分析题目技巧，找出相关创新点讨论，有意识地对成果进行创造性剖析和筛选，进行相应产品的专利挖掘，真正使学生“动”起来，找到突破口。

三、开展多元培养形式，促进师生创新能力养成

(一) 创新能力融入校园中

人才培养离不开良好的环境，同样，创新人才的培养首先需要创造一个有益于培养创新能力的学习环境。可举办各类创新有关的活动，让学生直接参与其中，从而在内心中深切体会到创新能力的意义和价值所在。活动可以鼓励学生自发组织，目的是让更多的学生参与其中，从而不断提高当代学生的创新能力和素质。比赛不仅要有物质奖励，还需精神上奖励。例如，学校每年举办的学生创新创业大赛，大赛前需鼓励大家踊跃参赛，在竞赛过程中，对有疑难问题的同学及时做出解答，在言语中给予鼓励支持。学生常常以教师的评价衡量自己在群体中的地位和作用。因此，对学生的正确行为，

教师要给予明确的表扬，使其增强自身的信心，也使学生看到成功的希望。

（二）创新能力培养渗透进学科教学中

每个人都有好奇心，并随着年龄增长而逐渐减少。这种好奇的欲望有时是学生点燃思维的火花，是创新能力的具体表现。培养学生的创新能力，教师要树立新的教育观念，改革教学方法，进行教学创新，使课堂真正成为师生和谐、课堂气氛宽松愉快的学习圣地，让学生意识到自己是学习的主体，积极主动地参与课堂活动，敢于与教师讨论、争论问题，激发自己最大的创新潜能。在课程教学中，呈现形式对学生的学习兴趣和学习积极性的激励作用很强，教师要引导学生注重表达形式多样化，不要拘泥一些固定的形式，可以采用图画、照片、动漫画、示意图、表格等多种形式进行，强调直观和生动。在语言表述上，力求活泼有趣、简单明了；板书设计新颖，图片形象逼真，从而使表达形式丰富多彩，既具有知识性、科学性，也富于趣味性和可读性。例如，在学习射频技术这门课程中，如何将噪声问题进行有效“抑制”，怎样将信号传递更远，提出这些问题都可激发学生进一步学好这门课程的愿望。

（三）注重自主学习研究能力

突出课程学习的自觉性，尤其当今时代知识飞速发展，每人都需增强自身的知识综合自学能力，尤其是对学科的前沿交叉研究，打破学科领域的壁垒和界限，只有这样才能适应创新驱动时代的发展潮流。一是突出教育本质是促进人的发展的理念，课程设置立足学生的全面发展，能为学生不断获取知识、提升能力，为学生自主能力发展创设空间。二是开展教学活动，以活动带动学生知识和技能的研究，活动以学生为中心，注重学生自主个性的养成，着眼于学生的亲身体验，学生需要结合自身学习兴趣、研究方向自主学习，自主选择课题，收集资料并进行自主探究，培养学生收集信息和处理信息的能力，为学生自主学习能力的培养构建平台。这样一来，学生可以开阔视野，拓展创新思维，同时也丰富了自己的理论和实践知识体系。

(四) 注重课题研究、提升理论实践修养

实践表明，教师与学生通过申报课题进行研究——有共同的理论写作和研究基础，其了解学科学术发展前沿过程及动态——是提高教与学的科研理论素养、实验水平的有效途径。在教师的指导下，由学生自己选择和确定研究项目或题目设计，应用自己能掌握的知识去解决实际的社会问题，可以启发和培养学生多方面、多角度、多层次的创新思维能力，有利于开阔学生的科学视野和思维境界。如在计算机控制课程实践教学中，针对各种通信协议，教师将相关的内容联系起来，比较其优缺点，引导学生分析利弊，由此及彼，利用已知的原理知识解决某些现象，以此来提升学生的创新性思维和创新实践能力。

(五) 注重评价方式、考查创新能力

在对学生进行学期考核时，需把对基础知识的学习与创新能力的培养放在学习过程中进行，突出学生学习的主动性、创新性和积极性。过去对学习能力、创新能力、学习态度等缺乏重视，通过分数得出的结论不能反映学生的全部优点和价值，应从多个角度来评价、观察和接纳学生，重在寻找和发现学生身上的闪光点，发现并发展学生潜能，关注学生个体间发展的差异性和个体内发展的不均衡性，评价内容多元、评价标准分层，重视评价对学生个体发展的构建作用，重在考查学生分析问题、解决问题的能力等。形式可以是演示与答辩、项目报告等，但须注意在考核中对标准的明确。评价时的分数应分为基本分和提高分。在规定期限完成考核目的即可达到基本分。对于具有一定创意且有自身想法创意的学生可获得提高分，创新性较强、逻辑清晰、文本表述明确的可评为优秀。

第四章　思想教育中学生素质的培养及路径探索

第一节　思想教育中学生素质培养的重要性

思想教育是教育事业中至关重要的一环，而在这一领域中，学生素质培养更是具有重要而深远的意义。

第一，学生素质培养的重要性在于其不仅仅是为了迎接学科知识学习和考试压力，更在于培养学生全面发展的综合素养。在当代社会，单一的学科知识已经难以满足对人才的培养需求，更为重要的是培养学生具备跨学科、全面发展的综合素质。因此，学生素质培养在思想教育中扮演着关键的角色，成为塑造学生综合实力的不可或缺的途径。

第二，学生素质培养在塑造学生的思维方式、价值观和社会责任感方面发挥着至关重要的作用。在当前知识爆炸的时代，学生不仅需要拥有丰富的知识储备，更需要培养独立思考、批判性思维和创新能力。通过思想教育中的素质培养，学生得以形成积极的人生观和价值观，进而增强对社会的责任感。这一过程为学生奠定了坚实的基础，使其更有可能成为未来对社会有益的人才。

第三，在学生素质培养中可以通过有针对性的教育措施，培养学生的社交能力，旨在使其具备出色的人际交往和团队协作技能。这一方面有助于学生更加顺利地融入未来职场环境；另一方面也能够在社会中建立积极、和谐的人际关系。社交能力的培养并非仅限于传授表面上的交往礼仪，更需注重学生团队协作的实践经验，通过项目合作、团队任务等形式，促使学生深刻理解和运用团队合作的重要性。这样的培养不仅有助于提升学生在未来职业生涯中的竞争力，还为他们在社会中建立健康、积极的人际关系奠定基础。

第四，思想教育的目标之一是培养学生成为积极向上、具有良好道德品质的公民。在这一层面上需强调培养学生对社会的责任感和对他人的关爱，旨在使学生具备正确的伦理道德观念，从而为社会的和谐发展贡献力量。培养学生的积极向上心态，可以通过激发他们的学习兴趣、树立明确的人生目标，以及引导他们在面对困难时保持乐观态度等多方面进行。同时，强调社会责任感和对他人的关爱，可以通过社会实践、志愿服务等途径进行，使学生在实际行动中体验到为社会、为他人贡献的价值，从而形成积极的社会责任观念。这样的素质培养不仅有助于学生全面发展，也为构建和谐社会提供了有力的支持。

第五，学生素质的全面发展不仅仅关乎智力层面，还牵涉到身体素质的培养。在思想教育的框架下，必须引导学生树立积极的生活方式观念，强调体育锻炼对身体健康的积极影响，培养学生对自身身体状况的关注和维护意识。一方面可以通过课堂教育普及相关健康知识，推动体育锻炼融入学生的日常生活中；另一方面可利用学校开展的体育活动、运动课程等手段，使学生在实践中培养出良好的运动习惯和健康生活方式。通过这样的方式，学生不仅在智力上得到提升，在身体健康方面也能够迎接更好的学习与生活状态。

第六，随着全球化的发展，学生需要具备跨文化交流的能力和国际化的视野。这要求对学生素质的培养应当着重于培养其跨文化意识，使其能够更好地适应多元文化的社会环境，具备与国际社会接轨的能力。这一目标可通过多元化的教学内容和国际交流项目的开展来实现。学校可以引入跨文化沟通的课程，组织学生参与国际交流活动，提供外语教育并鼓励学生学习多国语言。通过这些手段，学生将能够开阔自己的视野，增强跨文化交流的能力，更好地适应全球化时代的发展趋势。这样的素质培养不仅有助于学生在国际舞台上更有竞争力，同时也为促进不同文化之间的理解和融合提供了基础。

第七，学生素质培养的重要方面是培养学生的创业意识和创新精神。在现代社会，创业和创新不仅是企业家的追求，也是社会持续发展的重要引擎。因此，学生在素质培养过程中需要受到针对性的培训，以激发他们对创业的兴趣和敏锐的创新意识。培养创业意识涉及对市场变化的敏感性、解决问题的能力以及决策的果断性等方面，而创新精神则需要学生具备独立思考、勇于尝试新思路和方法的勇气。通过创业和创新的培养，学生将更有可能在未来的职业生涯中实现个人价值的最大化，为社会带来新的发展动力。

第八，学生素质培养直接关系到社会的可持续发展。一个高素质的学生群体将成为社会发展的重要支柱。在现代社会，仅仅具备专业技能已经不能满足社会需求，更需要学生具备团队协作、沟通表达等软实力。这些素质的培养不仅有助于学生在职场中更好地融入团队，还能够促使他们更灵活地应对社会的发展需求。学生素质提升将推动社会整体水平的提高，为社会的繁荣和进步提供有力支持。因此在思想教育中，学生素质培养的重要性不仅在于为个体的成长铺平道路，更在于为整个社会的可持续发展奠定基础。

因此，学校及教育机构在进行教育教学活动时，应当注重学生素质培养的方方面面，包括但不限于学科知识的广泛涉猎、跨学科能力的培养、思维方式的塑造、价值观的引导以及社会责任感的培养。这将为学生提供更为全面的发展机会，使其能够在未来更好地适应社会的发展需求，成为具备综合素养的有用之才。

第二节　思想教育对学生素质培养的作用

一、思想教育在学生素质拓展中起导向作用

学生素质拓展中思想教育的导向作用是指思想教育保证学生素质拓展计划的实施始终沿着正确的方向进行，能够纠正偏离正确方向的学生素质拓展活动，并使学生素质拓展计划取得预期的效果。

学生素质拓展计划是以培养学生的素质为核心，以培养创新精神和实践能力为重点，普遍提高学生的人文素养和科学素质，造就有理想、有道德、有文化、有纪律，德智体美等全面发展的社会主义事业的建设者和接班人。在人才的素质构成中，最重要的是思想素质，它不仅是指道德品质和文明习惯，也包括健康的心理、顽强的意志、艰苦奋斗的精神、适应社会的能力，尤其是正确的世界观、人生观和爱国主义、集体主义、社会主义的理想信念。因此，学生素质拓展计划的实施关键在于思想教育。

首先，思想教育为学生素质拓展树立了正确的发展方向。一个人的思

想素质好并不一定就会有好的职能，也不一定会有较好的身体心理素质，但是一个人没有良好的思想素质，即使其他方面素质再好也是偏离了个人发展的正确方向，不能成为符合社会需要的优秀人才。当一个人具有良好的思想素质时，才能把握发展的正确方向，才会有为祖国和人民奋发图强的精神动力，在提高自己的其他素质方面顽强拼搏，从而提高自己的综合素质。

其次，思想教育决定着学生素质拓展目标的最终实现。学生素质拓展的最终目标是要培养全面发展的综合型素质人才，使学生最终成为合格的社会主义事业的建设者和接班人。思想素质决定着其他方面素质发挥作用的方向。一个人的思想素质决定着这个人的智能、身心等素质对个人、社会产生什么样的影响，发挥什么性质的作用。思想素质好的人，他的其他方面的素质发挥的作用会有利于社会的进步，相反，思想素质不好的人，他的其他方面的素质可能会在特定的时候危害社会的发展。因而，思想教育决定着学生素质拓展目标的最终实现。

二、思想教育在学生素质拓展中起动力作用

学生素质拓展中思想教育的动力作用是指思想教育可以为学生素质拓展计划的实施提供一定的物质动力和精神动力，从而促进其发展。思想教育的这种动力作用既包括为学生素质拓展计划实施主体提供的动力作用，也包括对学生素质拓展计划的实施对象（学生）提供的动力作用。

一方面，在学生素质拓展中，思想教育占据着十分重要的地位，渗透到学生素质拓展计划的整个实施过程中，为学生素质拓展提供了强大的精神动力和智力支持。思想教育的一些理论、方法都为学生素质拓展计划的实施提供了良好的借鉴，学校在进行思想教育过程中好的方面和不足之处都为更好地实施学生素质拓展计划提供了好的经验。同时，思想教育也为学生素质拓展计划创造了良好的实施环境和人际氛围，有利于调动计划实施者和学生的积极性，从而达到促进学生素质全面提高的最终目标。

另一方面，思想教育有利于调动学生成才的积极性，坚定学生成才的信心，激励学生综合素质的提高。当前的学生，社会阅历较浅，心理素质比较脆弱，他们在思想上往往有着较大的盲目性，不能正确地认识到自己的优缺点，不能充分地挖掘出他们的潜能。思想教育能够帮助他们把成才目标渗

透到日常的学习和生活中去，使其在奋斗过程中看到自己的真实劳动成果和价值，增强他们实现理想和抱负的意志、勇气和毅力，进而培养他们良好的思想素养。有了这种素养，他们就会坚定共产主义理想和信念，热爱社会主义祖国，自觉地把个人的前途同祖国的命运紧密相连，不怕困难，刻苦学习，努力提高自身素质，把自己塑造成一个德、智、体、美全面发展的人，立志做优秀的社会主义事业的建设者和接班人。

三、思想教育为学生素质拓展提供人才保障

学生素质拓展中思想教育的人才保障作用主要包括两方面，一个是思想教育为学生素质拓展提供育人经验，另一个是思想教育为学生素质拓展计划队伍充实新生力量。

任何教育系统的实施都少不了人的因素，人才队伍是一个系统顺利实施的重要保证和必要条件。为了更好地实施学生素质拓展计划，既要根据时代发展的要求，不断总结和创造出新经验，也要借鉴我国学校长期教育实践中积累起来的宝贵经验。思想教育对于学生素质拓展人才的培育，可以提供以下经验：

首先，理论学习的经验是不可或缺的。培养卓越的人才需要通过加强科学理论知识的学习，使学生建立起坚实的理论基础。这不仅包括对传统学科知识的深入学习，还需要注重跨学科的知识拓展，使学生在各个领域都能够具备丰富的理论知识。

其次，实践锻炼的经验也是至关重要的。优秀的人才不仅仅要掌握理论知识，还需要学会将理论运用到实际情境中。学生素质拓展计划在第二课堂的实施中发挥了重要作用，为学生提供了丰富的实践锻炼机会。通过参与各种实践活动，学生能够将所学理论知识付诸实践，培养解决问题的能力和实际操作的技能。

最后，优化环境的经验也是不可忽视的。在知识经济化和信息社会化的时代，充分利用各种有利条件，广泛吸取新理论、新知识、新观念和新信息，是推动素质拓展教育的关键。通过不断更新教育资源、引入前沿科技成果，可以提高教学的时效性和针对性，使学生接触到最新的知识和发展趋势，为其未来发展奠定更为坚实的基础。

思想教育也为学生素质拓展教育队伍的建设提出了更高的要求。思想教育队伍中的优秀者也能够成为学生素质拓展队伍中的中坚力量。同样，学生既是受教育的对象，又是潜在的人才。通过思想教育可以帮助学生成为真正的人才，而这些人才中将来也会有素质拓展队伍的骨干。这样思想教育能够为学生素质拓展队伍源源不断地输送人才。学生素质拓展队伍的扩大，自然会促进学生素质拓展的发展。

四、思想教育为学生素质拓展提供理论指导

思想教育为学生素质拓展提供理论指导是指思想教育的理论能够丰富学生素质拓展的理论，从而促进学生素质拓展的发展。

学生素质拓展工作开启了学校素质教育的新阶段，是对学校素质教育的补充和发展。学生素质拓展的基本理论可以说是素质教育的基本理论。素质教育的核心在于强调作为主体的人的基本素质的养成和发展。近年来，学校通过转变教育思想、更新教育观念以及改革教育方法，积极推进素质教育，取得了一定的成效，素质教育理论不断丰富和发展。

马克思主义理论与时俱进的品质具体体现在不断地创新和发展。思想教育在创新发展中不断地得到丰富，为学生素质拓展理论的充实、完善提供了新的养分。思想教育中的社会适应理论、德行教育理论、人的全面发展理论等与学生素质拓展理论有着密切的联系，为学生素质拓展理论提供了一定的理论来源和理论支持。这些理论对于学生素质拓展计划实施的过程、方法、目标、作用等诸方面产生了重要的影响，从而拓宽了学生素质拓展理论的研究领域，有利于进一步充实和完善学校素质拓展的理论体系，更好地指导学生素质拓展计划的实施。这样一来，学生素质拓展计划在学生素质拓展理论的指导下开展，能够更好地提高学生素质拓展计划实施的效果，促进学生素质拓展的发展。

第三节　思想教育中学生素质培养的路径

随着全球化进程的不断推进，社会对人才的要求也愈来愈高，开展思

想教育能够帮助学生打下良好的品行基础，提升素质，从而让其成为社会主义现代化建设事业的合格人才。对学校思想教育从业者来说，关注学生的素养也是思想教育工作的重点，需要进行深入探究，并结合实际情况，不断优化大学思想教育的效果，让学生通过思想教育得到能力的全面发展。

一、思想教育提升学生素质的理论路径

（一）从素质教育角度开展思想教育

随着教育进程的不断推进，在提升学生素养的过程中，也要与时俱进地跟进时代发展的情况以及学校的基本办学情况，让素质教育和人才培养进行有机整合。素质教育和知识能力教育之间是多方互补的关系，以思想教育为导向，能够明确素质教育的方向。

从国家政策的角度上看，针对学生开展思想教育，也是当下高等教育中重大而紧迫的战略任务，授课教师要能够把握人才培养的方向和方法，让学生成为中国特色社会主义事业的建设者以及接班人。

在全球一体化发展的过程中，学生能够接触到各种各样的文化，在信息冲击下，一些意志薄弱的学生已经出现了价值取向消极的问题。学生对外部事物有着旺盛的好奇心，其价值取向也具有较强创新性。在个体素养教育的过程中，运用思想教育为学生指明方向，能够更好地利用学生的可塑性，对学生进行引导，让学生在素质以及思想意识方面更加成熟，在大学期间形成较强的行为约束力，以及较高的道德修养，这对个体的终身发展来说也是至关重要的。

针对学生开展思想教育，能够让学生在良好的素质培养环境下得到正向行为的熏陶。思想教育为学生所营造的成长环境，既包括内部环境，也包括外部环境。外部环境指的是思想教育利于良好的校园环境的构建，内部环境则指的是思想教育能够为学生营造积极向上的心理氛围。学校所开展的教育相关活动或者宣传，都能够给学生带来一定的激励，同时，学生也能够在浓厚的学习氛围中，学会自我反思以及成长，更关注自身思想发展动态。

教师要积极地和学生进行互动以及沟通，这种良好人际关系所营造的氛围也能够让学生的行为更加正向，利于其素质的提升，让学生获得良好的心理品质。从个体终身发展的角度看，素质培养并不是一朝一夕即可实现的

目标，学生和教师都要持之以恒，注重日常生活以及教学中的点滴，思想教育也为学生提供了品行以及意志层面的榜样，这些知识内容都能够让学生形成积极的心理暗示，从而形成良好的心理品质。思想教育所强调的勤奋严谨、一丝不苟、自制力等品质，都是当下学生需要学习以及践行的，符合学生素质培养的要求。

（二）从马克思主义思想内涵角度开展思想教育

在当今我国社会发展的背景下，思想教育的内涵与指导思想往往汲取自马克思主义理论。尽管时光流转，但马克思主义依然在深刻地指引着我们对于社会、生活、人类发展的思考。对学生素质的提升而言，马克思主义思想中的多个理论不仅具有深刻的历史内涵，更显现出强烈的现实意义。通过对马克思主义思想的教育，学生能够培养更为自主独立的思考能力，形成完善的综合素质。

马克思主义所包含的理论知识在当代生活中也有着广泛的应用空间。学生通过实践运用马克思主义思想，能够在生活中更好地引导自己前行。这一过程不仅是对理论的简单机械运用，更是通过深刻理解和领悟，使得这一思想成为学生实际生活的指导原则。

从教学实践的角度来看，马克思主义理论符合我国国情，也是指导学生行为的重要思想。马克思主义提供了一种认识和改造社会的框架，适应了中国特有的历史和文化脉络。许多实际生活中的问题都可以通过遵循马克思主义的理论指导来解决，这也是为何马克思主义理论能够成为学生素质教育的重要基石。

在进行学生思想教育时，必须兼顾学生的实际情况和地域性文化差异。教师应当通过优化教学方法，使马克思主义理论与学生的实际生活联系更加紧密。这样的教学策略既能够确保学生更好地理解和掌握马克思主义，也为构建素质教育的重要基础奠定了坚实的基石。

二、思想教育提升学生素质的实践路径

(一) 创新教育理念

创新教育理念在当今时代的教育体系中占据着至关重要的地位。学生个人素质的提升与教师的紧密联系不可忽视，因此，教师在追求卓越教学的同时，亦应主动摒弃传统思想教育理念的约束，以更加多元的教学手段开展工作。为实现这一目标，教育者应当积极倡导将教学与课外实践相结合，通过联动的方式，共同完成学生个人素质的全面提升。

在当前社会背景下，学生普遍具有较强的自我意识。因此，在进行思想教育时，教师应当站在学生的角度，放弃以往教师为主导的传统课堂教学方式。相反，应当让学生成为课堂的中心，激发他们分享自身观点和想法的积极性，避免将思想教育变为教师的“一言堂”。

为实现思想教育与课堂教学的有机融合，所有教学动作都应以满足学生的学习需求和基础能力为中心。只有如此，方能创造自由、民主、愉悦的学习课堂，为学生提供释放天性、发挥想象力和创造力的空间。构建这样的学习环境要求教师在教学设计中充分考虑学生的个体差异，以及不同层次的学科需求。

教师与学生之间建立良好的沟通关系至关重要。只有通过积极的沟通，才能拉近彼此思想的距离，使思想教育的内容真正渗透到学生心灵深处，发挥出积极而深远的影响作用。在这一过程中，教师不仅仅是知识的传递者，更是学生心灵成长的引领者，通过有效的沟通激发学生的学习热情，引导他们树立正确的人生观和价值观。

(二) 构建开放式的教学平台

教育平台对素质教育来说十分重要，学校阶段开展的思想教育大多依托于课堂教学，但是思想教育在每学期所占的课时是有限的。为了能够起到更好的教学效果，教师要让教学渗透课下，通过构建开放式教育平台，让学生得到更多的知识。对此，教师要注重课下教学实践，让学生接触到更多的学习内容，运用课下的实例学习，巩固课上的理论知识，加强对思想教育的

理解。这种理论知识和实践相结合的教学方法也更符合学生的认知习惯，容易被学生所接受。

思想教育要和社会实践结合在一起，实践能够让学生更深入地了解社会、了解就业、了解国家，从而完善自身的价值观、人生观、世界观。学生都拥有智能手机以及电脑，在构建开放式教育平台过程中，教师也要积极对这些新技术进行融合，例如，通过构建思想教育学习网站的方式，为学生储存学习资料，让学生打破时间和空间的限制，随时开展学习、提升素养。教师也可以从动态管理的角度出发，开设与学生沟通的微信群或QQ群，多向学生分享一些与时俱进的思想教育内容，智能终端的沟通及时性更强，教师与学生的沟通也会更快得到反馈，利于教师随时了解学生的思想动态，从而推进学生思想教育，检验个体素质养成。

（三）多渠道开展教学

在进行学生思想教育的过程中，教师应当不断加大力度，采用多元化的渠道，以扩展学生接触思想教育的机会。同时，从个人素质养成与提升的角度出发，有针对性地引导学生。例如，在进行时政教育课堂教学时，教师可在列举学习案例后引入问题，促使学生思考，并通过联系实际生活经验，使学生自发地发现问题并提出解决方案。这样的方式有助于加强师生之间的互动，避免单一而呆板的说教方式。

除了有效运用课堂教学外，学校还应当积极组织一系列与思想教育和个体素质提升相关的课外活动。这样的活动旨在激发学生的主动性，让他们在自主探索、分析和总结的过程中不断提升个人素质。讨论的主题可以与当下的时事热点相结合，使学生在日常生活中更容易发现思想教育的实际应用，从而培养学生的问题解决能力、创造力、想象力等多方面的综合素质。

通过多渠道的教学方式，可以更全面地开展思想教育，使学生在不同场景中更好地理解和应用所学知识。这不仅有助于提高学生的综合素质水平，更有助于他们在面对复杂社会现实时更具有应变和创新的能力。因此，多渠道开展教学是一种促使学生全面发展的重要策略，有助于实现个人素质的全面延展。

(四) 放开管理，关注学生自主性构建

在校园管理的层面上，思想教育必须与学校管理相融合，以使学生能够在校园文化和氛围的影响下，在实践中规范自己的行为举止。为达到这一目的，学校应该采用一种开放式的管理方法，让学生参与学生管理的过程，积极参与管理实践。这种开放管理的方式更有利于学生自我意识的形成和塑造。学校应当创造一个相对自由的环境，而非通过严格的管理规定来束缚学生。唯有关注学生个体的自主性构建，方能促进学生能力的全面发展。

在实施放开管理的过程中，仍需有一套明确的管理制度，而非放任学生自由发展，这些制度应与思想教育密切相关。学生应该明白，参与管理工作需要具备较高的素养。这种制度性约束同时也有助于推动学生个人素质的提升。在开展管理实践时，学生将更全面地了解到管理的重要性，并认识到自身素质和责任在其中的关键作用。管理制度的存在不仅仅是为了规范学生行为，更是为了引导学生树立正确的管理观念和价值观念。

通过这种管理方式，学校能够在保持相对自由的环境中，培养学生的责任心、团队协作意识以及自我管理能力。这种教育模式不仅关注了学生的知识水平，更注重了学生的全面素养，为其未来的职业生涯和社会参与打下坚实基础。放开管理，关注学生自主性构建，是推动学校思想教育与管理相结合的有效途径，有助于培养更加全面发展的新一代学生。

结束语

思想教育和学生素质培养是培养学生成为优秀社会人的重要过程。随着时代的进步，教育方式、教育理念、教育方法以及信息技术手段都在更新，在这个过程中，学生不仅需要学习到知识，更重要的是学会如何成为一个有道德、有文化、有纪律的人。通过思想教育能使学生树立正确的世界观、人生观、价值观。

学生素质良好是社会全面发展的基石，只有全面提升学生的素质，学生才能更好地适应社会的发展，更好地服务国家。

参考文献

一、著作类

[1] 陈先达 . 马克思主义和中国传统文化 [M]. 北京 : 人民出版社 ,2015.

[2] 黄秋生 , 陈元 , 薛玉成 . 当代大学生文化自信现状及培养研究 [M]. 北京 : 团结出版社 ,2017.

[3] 张岱年 , 程宜山 . 中国文化精神 [M]. 北京 : 北京大学出版社 ,2015.

[4] 中共中央、国务院. 新时代爱国主义教育实施纲要 [M]. 北京 : 人民出版社 ,2019.

二、期刊类

[1] 陈曦 .习近平高校思想政治教育重要论述研究 [D]. 大连 : 大连海事大学 ,2023:1.

[2] 郭梦钰 . 新媒体背景下加强学生理想信念教育的实践进路探究 [J]. 新闻研究导刊 ,2024,15(02):182.

[3] 江婷 . 高校学生心理健康教育发展策略研究 [J]. 佳木斯职业学院学报 ,2024,40(01):79.

[4] 佟斐 . 社会主义核心价值观建设的文化路径研究 [D]. 武汉 : 武汉大学 ,2019:1.

[5] 田婧曦 , 刘金娥 . 协同治理视角下高职德育教育的创新路径 [J]. 秦智 ,2024(02):139.

[6] 赵淑红 . 美育融入高校思政教育的内在机理及路径研究 [J]. 林区教学 ,2024(02):83.

[7] 贺书伟 , 刘湘 . 培养创新创业能力的职业教育模式研究 [J]. 继续教育研究 ,2024(03):88.

[8] 王凯 , 李笑笑 . 思政教育与传统文化的融合与渗透 [J]. 才智 ,2024(06):28.

[9] 周熙明 . 中央党校学员关注的文化问题 [M]. 北京 : 中共中央党校出版社 ,2010:228.

[10] 祁靖 . 新时代思想政治教育文化价值研究 [D]. 济南 : 山东师范大学 , 2024:1.

[11] 张洋 . 社会主义先进文化融入大中小学思想政治教育一体化建设研究 [J]. 世纪桥 ,2023(12):76.

[12] 李雪晴 , 李录锋 . 社会主义先进文化有效融入高校校园文化建设的研究 [J]. 品位・经典 ,2023(22):29.

[13] 李亚东 , 阎国华 . 人工智能赋能高校思想政治教育的内在逻辑与路径设计 [J]. 江苏高教 ,2024(02):84.

[14] 李春霞 . 人工智能嵌入思想政治教育接受的运行机制探析 [J]. 学术探索 ,2023(12):138.

[15] 马妍洁 . 大数据赋能高校思想政治教育方法创新发展路径探索 [J]. 高校后勤研究 ,2024(01):66.

[16] 张勇帅 . 新媒体环境下思想政治教育的发展困境与对策 [J]. 今传媒 , 2023,31(07):141.

[17] 李保峰 . 基于高职学生素质教育的职业能力培养研究 [J]. 高等职业教育 (天津职业大学学报),2015,24(06):22.

[18] 董铮 , 徐德刚 , 张华 , 等 . 学生创新素质能力培养途径研究 [J]. 科技风 ,2021(27):173.

[19] 罗东芳 . 新时代大学生理想信念教育问题与对策研究 [D]. 南充 : 西华师范大学 ,2023:9–13,20–21,33–47.

[20] 杨林 . 心理健康教育融入高校思想政治教育路径研究 [D]. 沈阳 : 东北师范大学 ,2021:9–17,33–42.

[21] 刘航宇 . 人工智能赋能高校思想政治教育研究 [D]. 青岛 : 青岛科技大学 ,2023:12–16,30–34,43–56.

[22] 李子辉 . 虚拟现实技术在高校思想政治教育中的运用研究 [D]. 上海 : 华东师范大学 ,2024:12–15,27–39.

[23] 张雪晴 . 中华优秀传统文化融入高校思想政治教育的路径研究 [D]. 哈尔滨 : 黑龙江大学 ,2023:45–59.

[24] 张杨 . 思想政治教育在社会主义先进文化建设中的价值研究 [D]. 大连 : 辽宁师范大学 ,2014:5–24.

[25] 熊琴 . 区块链技术在高校思想政治教育中的运用研究 [D]. 南昌 : 江西财经大学 ,2022:10–12,16–29.

[26] 叶鑫晖 . 社会主义核心价值观的建设路径研究 [D]. 杭州 : 杭州师范大学 ,2023:9–12,43–49,51–54,56–61.

[27] 董铮 , 徐德刚 , 张华 , 等 . 学生创新素质能力培养途径研究 [J]. 科技风 ,2021(27):173–175.

[28] 武晶 . 高校思政教育提升学生素质的路径探析 [J]. 大学 ,2020(39):137–138.

[29] 马仁秒 . 论思想政治教育在学生素质培养中的重要性 [J]. 中国教育学刊 ,2019(S1):232–233,236.

[30] 程春梅 . 高职院校学生素质拓展训练实施探讨 [J]. 牡丹江教育学院学报 ,2014(07):58–59.

[31] 闫庆鹏 . 拓展训练在中职学生素质教育中的应用研究 [D]. 石家庄 : 河北师范大学 ,2014.

[32] 李小明 . 高职院校学生人文素质教育研究 [D]. 咸阳 : 西北农林科技大学 ,2014:20–23.

[33] 邱学文 . 高职学生职业素质及其培养策略研究 [D]. 长沙 : 湖南师范大学 ,2013:29–42.

[34] 巫鑫 . 论思想政治教育对学生素质拓展的作用 [J]. 社会工作 ,2012(12):95–96.

[35] 王南 . 大学生思想政治教育与德育教育融合发展研究——基于传媒的视角 [J]. 新闻研究导刊 ,2023,14(06):190–192.

[36] 谢荣国 , 谢欣彤 . 新时代高校爱国主义教育 : 困境与出路 [J]. 江西科技师范大学学报 ,2023(02):100–105.

[37] 袁正玺 . 如何利用红色德育基地加强学生的爱国主义教育 [J]. 科学咨询 (教育科研),2023(05):202–204.

[38] 岳晓爽 . 新时代优秀传统文化与科技融合的创新机制研究 [J]. 文存阅刊 ,2021(08):156.

[39] 张纯，毛玥漩. 青年学生爱国主义教育生活化探析 [J]. 长春教育学院学报，2023,39(01):14.

[40] 张沛然，韩明晔. 新媒体环境下大学生爱国主义教育实施调研 [J]. 西部素质教育，2023,9(10):47-50.

[41] 朱艳. 新媒体视域下大学生爱国主义教育微探 [J]. 传播与版权，2022(03):98.